Julius Köstlin

Die Begründung unserer sittlichreligiösen Überzeugung

Julius Köstlin

Die Begründung unserer sittlichreligiösen Überzeugung

ISBN/EAN: 9783742899293

Hergestellt in Europa, USA, Kanada, Australien, Japan

Cover: Foto ©Lupo / pixelio.de

Manufactured and distributed by brebook publishing software
(www.brebook.com)

Julius Köstlin

Die Begründung unserer sittlichreligiösen Überzeugung

Die Begründung

unserer

sittlich=religiösen Überzeugung

von

D. Julius Köstlin,

Oberkonsistorialrat und Professor in Halle.

Vorwort.

————

Unsere heutige Theologie und Kirche muß gleich ernst die Frage nach dem wahren und notwendigen Inhalt unseres Glaubens und die Frage nach seiner wahren und sichern Begründung in sich bewegen. Zunächst in diese Frage, von der ja auch die Antwort auf jene durchweg abhängt, suche ich hier unter Hinweis auf die verschiebenen Auffassungen der älteren und neueren evangelischen Theologie einzuführen und für sie die richtige Antwort festzustellen, auf die, wie ich zeige, uns schon ein Luther ganz nach dem Sinn der heiligen Schrift hinleitet. So tiefgreifend, mannigfach und verworren auch manchem gegenwärtig die Verschiedenheit der Richtungen erscheinen mag, — ich sehe doch in der neueren evangelischen Theologie gerade mit Bezug auf unsere Frage einen gewissen einheitlichen Zug durchbringen. Er wird eben zu jener Antwort führen. Von da aus mag dann freilich über die andere Frage, nach dem Inhalte des Glaubens, noch immer viel Streit sich erheben. Aber die gewissenhaft Fragenden und Forschenden werden sich wenigstens gegenseitig verstehen und würdigen können.

In dieser Schrift beziehe ich mich auf eine Reihe verwandter Abhandlungen zurück, welche ich über Wesen und Ursprung der Religion und über die Idee des Reiches Gottes in den „Theolog. Studien und Kritiken" veröffentlicht habe. Jetzt kann ich beifügen, daß dieselben demnächst gesammelt in F. A. Perthes' Verlag erscheinen werden.

Halle a. S., im Mai 1893.

J. Köstlin.

Inhalt.

Einleitung.

Nicht ein Vertreter alter, steifer Orthodoxie, nicht ein Gelehrter, der Religion und Christentum einseitig intellektualistisch auffaßte, nicht einer, der Weltwissen und religiöses Glauben vermengte, auch nicht etwa ein dem kritischen Forschen und Wissen abholder Pietist, sondern der biedere, gesund fromme und praktische deutsche Christ der Neuzeit Ernst Moritz Arndt hat uns das bekannte Lied gesungen: „Ich weiß, an wen ich glaube, ich weiß, was fest besteht," im Anschluß ans apostolische Wort 2. Tim. 1, 12. Daß es wirklich im Christentum um eine gewisse Überzeugung sich handle, und um Objektives, was für sie feststeht, und so auch um eine sichere Begründung solcher Überzeugung und um ein Verständnis des Glaubensinhaltes, das mit allem unserem Wissen überhaupt sich zu einer Einheit zusammenfassen kann und soll, — dies werden wir am gegenwärtigen Ort als anerkannt voraussetzen dürfen. Um so dringender aber ist heutzutage für diejenigen, welche es anerkennen, die Frage, wie wir zu solcher Gewißheit gelangen, auf was sie fort und fort für uns ruhe, auch wie weit sie in Wahrheit sich ausdehne und ausdehnen könne.

Jene Voraussetzung ist freilich heutzutage nicht mehr so selbstverständlich wie in den früheren Zeiten der christlichen Kirche und Theologie. Wenn Schleiermacher von den christlichen Glaubenssätzen die bekannte Definition gab, sie seien Auffassungen der christlich frommen Gemütszustände, in der Rede dargestellt, und hierbei in den Vorgängen des Gemütes wesentlich Bewegungen des Gefühles sah, so konnte man fragen, ob es dann für den Christen ernstlich darauf ankomme, daß den Aussagen, auf welche er durch solche innere Bewegungen und Zustände geführt werde, auch wirklich etwas Objektives, Reales entspreche, und nicht etwa bloß zunächst darauf, daß sie den innern Vorgang fürs Vorstellen und Denken und im Zusammenhang mit den übrigen Vorstellungen und Gedanken möglichst angemessen zum Ausdruck bringen, und weiter wohl darauf, daß die inneren Vorgänge so

sich entwickeln und gestalten möchten, wie es zu möglichster innerer Befriedigung des Subjekts diene. — Seither hat, und zwar sicherlich mit einem
gewissen guten Rechte, eine Auffassung sich verbreitet und behauptet, wonach
Religion und Christentum viel mehr ein praktisches Verhalten oder Willensverhalten als ein Fühlen ist, wenn man auch zugleich dem Fühlen noch so
hohe Bedeutung beilegen mag. Und hier könnten wir nun — namentlich
bei dem Wege, welchen in dieser Richtung die Ritschlsche Theologie ein-
schlägt — fragen: dürfen und sollen wir dann nicht mit unseren religiösen
Aussagen bei den Zielen stehen bleiben, welche unserem sittlichen Willen in
dieser Welt gesetzt sind, und bei einer höchsten, überweltlichen Macht und
Liebe, durch welche wir der Selbstbehauptung unserer sittlichen Persönlichkeit der Naturwelt gegenüber, unserer Herrschaft über diese Welt, der Verwirklichung des Gottesreiches und unserer Seligkeit in diesem vergewissert
werden? Ja man könnte weiter fragen: wird dann nicht die weitere
Konsequenz eines vernünftigen kritischen Denkens die sein, daß wir, wenigstens in streng wissenschaftlicher Sprache, auch darauf verzichten, von einem
Gotte zu reden, welcher Liebe üben wolle und selbst Liebe sei, und statt
dessen ähnlich, wie einst der alte Fichte, nur an einer sittlichen Weltordnung festhalten oder daran, daß jenem Wollen und Wirken der sittlichen
Persönlichkeiten in der Welt der rechte Erfolg und zugleich ihnen selbst ihr
wahres Wohlsein gesichert sei?

Wir können in der Gegenwart nicht umhin, solche Gedanken über
Religion uns zu vergegenwärtigen; ist doch die Neigung zu ihnen auch
unter Zeitgenossen, welche der Religion und dem Christentum noch Hoch-
achtung zollen wollen, gar weit verbreitet. Daß sie aber dem wirklichen
Sinn unserer christlichen Religion nicht entsprechen, daß vielmehr zu dieser
immer jene Gewißheit von dem wirklich seienden Gott und seiner Beziehung
zu uns gehöre, brauchen wir an dieser Stelle nicht erst lang auseinander
zu setzen. Nur darauf sei hier hingewiesen, daß jene gerade zu dem praktischen Verhalten, in welchem wir erst wahrhaft religiös im christlichen
Sinne sind, notwendig gehört. Wahrhaft religiös im christlichen Sinne
sind wir erst vermöge dieses Verhaltens, nämlich nicht etwa schon sofern
wir uns von Gottes Macht abhängig, oder auch von seiner Liebe und
Gnade freundlich berührt fühlen, sondern erst, indem wir, den Zug zu Gott
vernehmend, ihm im Innern Raum geben, die Gnade vertrauensvoll erfassen, vom göttlichen Willen in innerer Hingebung uns bestimmen lassen.
Und dieses Verhalten der vernünftigen, sittlichen Persönlichkeit ist ja nur
möglich in der Gewißheit davon, daß der sich uns bezeugende und offen-
barende Gott nicht ein bloßes Gebilde der eigenen Phantasie, sondern
höchste Wirklichkeit sei, ob auch unsere Gedanken von ihr noch so sehr mit

der Unvollkommenheit endlichen Vorstellens behaftet. Ja die gewisse Überzeugung von einem höchsten Objektiven, Wirklichen, würde zur Religion
gehören, auch wenn wir in einer Kritik der religiösen Vorstellungen bei dem
Gedanken an höchste, unbedingte sittliche Forderungen oder Ziele und an
eine sichere höchste Gewährleistung solcher Ziele uns genügen lassen müßten;
denn wir müßten hiermit dessen gewiß sein, daß eben das objektive, gegenwärtige, wirkliche Dasein irgendwie in der hierfür erforderlichen Weise geordnet oder von einer ihm immanenten Macht durchwaltet sei.

Wir haben dies bezüglich der religiösen Gewißheit auch allem dem
gegenüber festzuhalten, was neuerdings über die religiösen Aussagen oder
Urteile als über „Werturteile" geredet worden ist. Wie man auch den
Begriff des Wertes und des Werturteils auffassen und was man von dem
Satze, daß das religiöse Erkennen in Werturteilen verläuft, halten mag:
auf keinen Fall darf man diesen Satz in dem Sinne behaupten, als ob
es für unser religiöses Glauben und Erkennen nur um Werte und nicht
um Realitäten sich handelte und dasjenige, das wir für ein Wertvolles
anerkennen, nicht auch als ein Reales von uns geglaubt und erkannt sein
müßte.

Das bisher Gesagte führt uns auch auf den Streit darüber, ob die
religiösen Aussagen Metaphysisches zum Inhalt haben und haben müssen.
Es kommt hier vor allem darauf an, was man mit Metaphysik und Meta-
physischem meint. Im allgemeinen versteht man bekanntlich unter jener
die Wissenschaft vom wahren Sein überhaupt und von den letzten Gründen
und Grundformen des Seienden; man meint hiermit das Gleiche wie Lotze,
wenn er sie die Wissenschaft vom Wirklichen nennt und diese Bezeichnung
deswegen vorzieht, weil der Name „Sein" dem gewöhnlichen Sprachgebrauch nur die eine Art der Wirklichkeit, nämlich die ruhige Existenz der
Dinge, im Gegensatz z. B. gegen das Geschehen der Ereignisse, bezeichne.
Man hat dann die Erkenntnis dieses Seins oder dieser Wirklichkeit näher
dahin bestimmt, daß sie eine apriorische sei, aus reiner Vernunft stamme,
vom reinen Denken aus sich selbst produziert werden müsse, nicht etwa aus
Erfahrung zu gewinnen sei u. s. w. So meint es jedoch wohl keiner der
sämtlichen christlichen Theologen, welche gegenwärtig gegen die Ausscheidung
alles Metaphysischen aus dem Christentum und gegen die Abscheidung der
Theologie von jeglicher Metaphysik protestieren. Ritschl hat bei der
Definition der Metaphysik als Untersuchung der allgemeinen Gründe des
Seins den Nachdruck darauf gelegt, daß man in ihr von den besonderen
Merkmalen absehe, in welchen man den Unterschied von Natur und Geist
vorstelle und diese als verschiedenartige Größen erkenne, daß die Metaphysik gegen den Art- und Wertunterschied von Geist und Natur gleich-

1*

giltig sei u. s. w. Aber auch eine solche Gleichgiltigkeit gehört gewiß nicht zu einer richtigen Metaphysik im Sinne jener Theologen; sie meinen vielmehr, soweit sie sich kundgegeben haben, gewiß alle eine solche Erkenntnis der Grundformen und letzten Gründe des Wirklichen, welche eben zwischen den verschiedenen Hauptformen mit richtiger Würdigung aller dafür in Betracht kommenden Momente unterscheide und so sie in ihrer Wechselbeziehung zu einander auffasse. Andererseits können hingegen sie darauf hinweisen, daß neben Denjenigen, welche in Ritschls Weise das Metaphysische von Religion und Theologie fernhalten wollen, bekanntlich im sogenannten gebildeten Publikum und auch in der sogenannten gelehrten Welt eine große Menge Solcher stehen, welche weiter gehen und mit ihrem Widerspruch gegen das Metaphysische im Christentum vielmehr dem widersprechen, daß es die Aufgabe und Anspruch darauf habe, Wahres und Wirkliches über einen Gott und seine Beziehung zu uns auszusagen, und welche — wenigstens ihrem größten Teile nach — diesen Widerspruch auch nicht etwa darauf gründen, daß ein Erkennen des Wirklichen uns überhaupt unmöglich sei, sondern welche einer Erkenntnis der gesamten Wirklichkeit, die sie vermöge sinnlicher Wahrnehmung und begrifflichen Denkens sich zurecht gemacht haben, unbedingt vertrauen und eben durch sie den Inhalt jener Wahrheitsaussagen des Christentums ausgeschlossen und widerlegt finden. Ihnen gegenüber gilt es jedenfalls, die Überzeugung von jenem Wahrheitsgehalt als solchem oder von jenem Realen, Wirklichen, zu begründen, mag man nun den Ausdruck „metaphysisch" darauf anwenden oder nicht. Die Untersuchung, wie diese Begründung erfolgen könne und müsse, muß zur Untersuchung eben darüber werden, ob und wiefern für unser Erfassen und Erkennen jenes Wirklichen etwas Apriorisches, oder auch die sinnliche Wahrnehmung, auf der unsere empirische Welterkenntnis ruht, mit den aus ihr zu ziehenden Denkfolgerungen, oder aber ganz eigentümliche Erlebnisse und Funktionen unseres persönlichen Geistes im Unterschied vom Naturleben in Betracht kommen. Ob dann menschliches Denken im stande ist, die Ergebnisse bezüglich des Wirklichen, welche wir hier —, mit denen, welche wir in jenem Welterkennen gewinnen, auch zu einem streng wissenschaftlichen Ganzen zu verbinden, mag hier dahingestellt bleiben; ebenso, ob erst auf dieses Ganze, falls es möglich wäre, der Name Metaphysik sollte angewandt werden. Lotze, der die Aufgabe der Metaphysik über das Gemeinsame des Natur- und Seelenlebens ausdehnte, hiervon aber die Frage nach den Werten des Seienden und der sein sollenden Handlungen oder den Gegenstand der Ästhetik und Ethik mit den daraus folgenden Ergebnissen noch fern hielt, macht es doch sehr entschieden zu einer Aufgabe der Philosophie, nun auch „über den Zusammenhang ihrer theoretischen und ihrer ethischen Weltansicht nachzudenken"; er stellt die Religionsphilosophie als besondere Disziplin an den Schluß, indem in ihr ein gemeinsamer Abschluß für die theoretischen und die praktisch philosophischen Untersuchungen gesucht werde; es bleibt ihm freilich ein unerreichbares Ideal, womit die Philosophie endet: die denknotwendigen Gesetze für unsere Beurteilung alles Wirklichen, die Urthatsachen dieser Wirklichkeit und drittens die uns als letzte Weltzwecke vorschwebenden Ideen des Guten und Schönen — das alles zusammen Momente eines und desselben höchsten Prinzips, der Natur Gottes*). Wie es aber auch mit der Ausgestaltung einer solchen Gesamterkenntnis des Wirklichen sich verhalten mag: soviel gehört jedenfalls zur Aufgabe und zwar zur lösbaren Aufgabe der Begründung unserer christlich-religiösen Überzeugung, daß jene Einsprache, welche man vom Welterkennen aus gegen das „Metaphysische" im Christentum in dem oben bezeichneten Sinn erhoben hat, zurückgewiesen und der Raum, welchen eine solche Erkenntnis dafür freiläßt, ja das Bedürfnis, welches bei ihr selbst dafür verbleibt, nachgewiesen werde. Ritschl äußerte einmal**): wenn andere unter Metaphysik nicht, wie er, die elementare Erkenntnis der Dinge im allgemeinen, welche gegen deren Unterschied als Natur und Geist neutral sei, verstehen, sondern eine solche Gesamterkenntnis der Welt, welche zugleich elementar und zugleich die abschließende und erschöpfende Erkenntnis der Ordnung alles besonderen Daseins wäre, so thun sie das auf ihre Gefahr; er trifft hiermit auch Lotze, wenngleich dieser den Namen Metaphysik nicht erst jenen letzten, zusammenfassenden und abschließenden Untersuchungen geben will. Richten aber nicht diejenigen eine weit größere Gefahr an, die, während sie das Metaphysische in Ritschls Sinn vom Christentum ausscheiden, daneben eine genügende Auseinandersetzung mit jener Einsprache der vielen anderen Gegner des „Metaphysischen" versäumen und den Vorwurf, daß entweder der Inhalt unserer religiösen Aussagen kein wahrer sei, oder daß wir eine zweifache, sich selbst widersprechende Wahrheit annehmen müßten, trotz allen Protestes hiergegen doch in der That unwiderlegt lassen?

---

*) Lotze, Grundzüge der Logik und Encyklopädie der Philosophie, § 22.

**) Die christliche Lehre von der Rechtfertigung und Versöhnung, Bd. 3, 2. Aufl., S. 36.

I.

Die Auffassung Luthers und der reformatorischen Theologie.

Von der Frage, worauf die Gewißheit unserer christlich-religiösen Überzeugung wesentlich ruhe, dürfen wir wohl sagen, daß sie in ihrer ganzen Tiefe, nach ihrem vollen Umfang und mit Bezug auf ihren eigentlichen Mittelpunkt erst in unserer Zeit Gegenstand eindringender Untersuchung, sowie zugleich lebhaften Streites geworden ist. Wir fragen, worauf jene wesentlich ruhe. Es werden ja dafür verschiedene Faktoren, verschiedene Kundgebungen, welche an uns ergehen, und verschiedene Bewegungen und Thätigkeiten unseres Innern in Betracht kommen. Wo aber liegt die eigentliche Entscheidung für uns? wo das Moment, ohne welches alle etwaige anderweitige Begründung doch einen wahrhaft christlichen Glauben zu begründen unfähig ist, ja wohl auch überhaupt den immer noch möglichen Einwendungen zu unterliegen droht, und welches dagegen selbst auf das in ihm uns einmal dargebotene Gut nicht verzichten oder die in ihm verbürgte Wahrheit nicht machtlos an uns werden läßt, ob auch den heranbringenden Einwendungen gegenüber die anderen Faktoren nicht mehr ausreichend erscheinen? Unserer gegenwärtigen Christenheit muß die Frage darum so besonders ernst und mächtig sich aufbringen und so mit ihrem Mittelpunkte sich entfalten, weil für uns die Entwicklung des allgemeinen wissenschaftlichen Denkens und Forschens jetzt eben auch die wirklich berechtigten Einwendungen der erwähnten Art und die beschränkte Tragweite so mancher für die Glaubenswahrheit geltend gemachter Faktoren klarer als wohl je zuvor ans Licht gestellt hat. Hiegegen die Augen zu verschließen, wäre nicht bloß unwissenschaftlich, sondern auch mit christlichem Glaubensmut und christlicher Gewissenhaftigkeit unverträglich. Und gewissenhaft wird auch zugleich geprüft werden müssen, wie weit die Tragweite jenes entscheidenden Momentes selbst reiche, wie weit wir von da aus mit Beziehung der andern Momente und Faktoren wirklich einen sichern und auch bestimmt ausgeprägten Glaubensgehalt gewinnen, oder wie weit wir viel- leicht — namentlich im Unterschied von den traditionellen kirchlich-dogmati- schen Voraussetzungen — darauf mehr oder weniger verzichten müssen, ohne darum doch des wahrhaften christlichen Lebensgrundes irgend verlustig zu gehen.

Eben für die gegenwärtig geforderte Untersuchung ist indessen ein wenigstens kurzer Rückblick auf den Stand der Frage bei den reforma- torischen Anfängern unserer evangelischen Theologie, speziell bei Luther, und auf den Weg, welchen die Späteren, speziell die alten Rationalisten und Supernaturalisten vorherrschend eingeschlagen haben, zur Orientierung wichtig, ja unerläßlich. Eine Prüfung dieses Wegs wird auf die Bahn hinüberleiten, welche in den eigentümlichen, wichtigsten reformatorischen Aus- sagen schon angezeigt, aber noch nicht durchgeführt war.*)

Eine allgemeine Auseinandersetzung über das Wesen des religiösen Glaubens überhaupt und über alles das, was zu seiner Entstehung und Begründung gehört, hat Luther nirgends gegeben. Es ist ihm stets be- stimmter um das Verständnis davon und die Mahnung daran zu thun, wie der Glaube geartet sein müsse, um wirklich Gerechtigkeit und Seligkeit zu gewinnen, und wie der Glaube eben als ein so gearteter und heil- bringender zu stande komme. Da erklärt er, der Glaube sei kein bloßes Fürwahrhalten, sondern ein herzliches Vertrauen zum Heilande Christus, zu Gott und seiner Gnade, zu Gottes Wort und Verheißung u. s. w.; in diesem rechten Glauben nehme man sich Christi an, hänge an ihm, ergreife die Heilsbotschaft, baue auf sie, Christus werde hier in den Gläubigen lebendig gegenwärtig, der Glaube werde sittlich wirksam u. s. w. Und diesen Glauben, sagt er, wirkt Gott selbst mit seinen Gnadenworten durch seinen heiligen Geist. Dabei weist er ihm seine Stätte im Herzen an. Man müsse nämlich, wenn das Werk der Erlösung einem helfen sollte, es glauben und im Herzen also fühlen. Durch das Zeugnis, welches der heilige Geist unserm Geist gebe, müsse der Mensch so weit kommen, daß er's fühle, daß es also sei, und gar keinen Zweifel dran habe und sage, er wolle Leib und Leben und alles auf Erden um solchen Glaubens willen lassen. Wie Gott uns geschaffen und durch Christus erlöst habe, wie Christus für uns gelitten habe und Mensch für uns geworden sei und wie solches alles im Worte des Evangeliums uns verkündigt werde, so

---

*) Vgl. meine „Theologie Luthers", Herrmanns Ausführungen in „Verkehr des Christen mit Gott", Gottschicks in „Die Kirchlichkeit der sogen. kirchlichen Theologie" 1890, Ed. Königs in „Der Glaubensakt des Christen" 1891.

schreibe es der heilige Geist innerlich ins Herz; denn die es hören, kriegen auch inwendig eine Flamme, daß das Herz spreche: das ist ja wahr und sollte ich hundert Tode drüber leiden u. s. w. Es sei nicht genug, daß einer sage, Luther, Petrus oder Paulus habe das gesagt, sondern er müsse bei sich im Gewissen fühlen Christum selbst, müsse unbeweglich empfinden, daß es Gottes Wort sei.*) Zugleich, und eben im Zusammenhang hiermit, sieht Luther im Glauben eine Bewegung und Akt des Willens, der hier eben als ein von oben her bestimmter zu denken ist; ebenso wird ja namentlich von Melanchthon in seiner Apologie der Augsburger Konfession der Glaube als ein velle accipere promissiones bezeichnet. Daß ich, sagt Luther, Christum ergreife und mit ganzer Herzenszuversicht an ihn glaube, — sine voluntate fieri non potest.**) Er stellt folgende Momente, freilich ohne eine präzise Erklärung ihres Verhältnisses, nebeneinander: Quod (fides) sit voluntas seu notitia seu expectatio pendens in verbo Dei.***) Laut einer uns überlieferten Tischrede erklärte er einmal: „Des Glaubens materia ist unser Wille,“ — während seine forma (im aristotelisch-scholastischen Sinn dieses Wortes) das sei, daß man Christi Wort ergreife. †) Zu unterscheiden davon ist das weitere Streben und Wirken des Glaubens, der dann den Menschen ganz neu und zu allem Guten rüstig macht. Von ihm überhaupt aber, wie er wird und wie er wirkt, kann Luther zugleich sagen: „Magis est passio quam actio.“ ††)

In Bisherigem ist das Eigentümlichste und Bedeutsamste aus den reformatorischen Aussagen über des echten Glaubens Wesen und Werke hervorgehoben. Immer aber ist in ihnen zugleich als grundwesentlich und als Hauptsache das enthalten, daß das, was der Glaube so ergreife und worauf er baue, ein wahrhaft Objektives, Reales im vollsten, höchsten Sinne des Wortes sei, — er selbst eben das Fürwahrhalten dieses Göttlichen.†††) Daß dem so sei, ist für Luther so fest und selbstverständlich, wie für irgend einen der früheren christlichen Theologen; nur davon hatte er neu und im Gegensatz gegen eine herrschende verkehrte theoretische und praktische Auffassung zu zeugen, was den eigentlichen Gehalt jener von uns anzuerkennenden Wahrheit für uns ausmachen müsse und wie wir sie allein

---

*) Erl. Ausg., 23, 749 f., 28, 298.

**) Gal. 2, 314.

***) Opp. exeg. 19, 199; auch bei Gottschick a. a. O., S. 6 f.

†) E. A. 58, 380; vgl. Comm. ad Gal. 1, 235: Audita .. indubitata fide apprehendere — ea est vero formata fides (im Gegensatz gegen die fides caritate formata der Scholastiker).

††) Opp. exeg. 3, 107 f.

†††) Vgl. die Anerkennung hievon.

recht aufnehmen können und sollen, um durch den Glauben an sie selig zu werden.

Den objektiven Inhalt, auf welchen der Glaube so sich richtet, bietet die geschichtliche Offenbarung Gottes und der göttlichen Liebe dar, wie sie in Christi Menschwerdung, Leben, Tod, Erhöhung u. s. w. und schon zuvor in der alttestamentlichen Heilsgeschichte sich vollzogen hat. Was dazu ge- hört, hat alles seine Beziehung auf das Heil, das der Gläubige dann an und in sich selbst zu genießen bekommt. Christi geschichtliches Thun und Leiden wirkt die Versöhnung aus, vermöge deren dem Glauben die Recht- fertigung zu teil werden kann. Die reale Einigung des Göttlichen und Menschlichen in ihm giebt seinem Leiden und Sterben dieses Gewicht, läßt ihn zu unserem besten über Tod und Hölle obsiegen, läßt die gläubigen Menschen eins werden mit ihm und mit dem in ihm sich uns mitteilenden Gotte. Christi Gottmenschheit und Versöhnungswert wird so für den Gläubigen nicht bloß bestätigt durch das neue Leben, das er in Christo wirklich zu erfahren und genießen bekommt, sondern muß als die objektive Voraussetzung für Gottes Heilsdarbietung und Mitteilung von uns an- erkannt werden, damit wir den rechten, festen und vertrauensvollen Glauben an diese Darbietung, der zu jenem neuen Leben erhebt, wirklich haben und festhalten können. Daß Luther so den Gegenstand unseres christlichen Glaubens auffaßt, liegt namentlich da überall klar vor, wo er seine Lehre von Christi Person oder beiden Naturen und von dem hiermit zusammen- hängenden Werke Christi gegen Widersacher zu behaupten hat, ohne daß wir erst einzelne Belegstellen vorzuführen brauchten (vergl. solche in meiner „Theologie Luthers“).

Jener Offenbarungsgehalt ist ferner objektiv uns dargestellt und dar- geboten im Worte Gottes, nämlich in Gottes Wort, wie dieses niedergelegt ist in der Heiligen Schrift und aus dieser immer neu geschöpft wird. Der Glaube ist Glaube eben an dieses Wort. Indem Luther ihn auf jenen im Herzen gewirkten Vorgang zurückführt, erscheint bei ihm jenes Gefühl zugleich als ein Innewerden von der wahren, göttlichen Realität des im Worte bezeugten Inhaltes und als ein Innewerden von der Göttlichkeit des Wortes selbst und von dem Anspruch, den es hiemit auf unsere An- erkennung seines Inhaltes hat. Eben dies, daß beides so unmittelbar in eines zusammengefaßt erscheint, ist für ihn charakteristisch; so z. B. in der schon oben (S. 8) aus E. A. 28, 298 angeführten Worten; so wenn er E. A. 10, 162 f. sagt: „Der göttliche Glaube haftet auf dem Wort, das Gott selber ist, glaubt, trauet und ehret das Wort, nicht um des (Predigers) willen, der es gesagt hat, sondern er fühlet, daß so gewiß wahr ist, daß ihn niemand davon mehr reißen kann,“ und: „das Wort für sich selbst

muß dem Herzen genug thun, den Menschen beschließen und begreifen, daß
er, gleich darinnen gefangen, fühlet, wie wahr und recht es sei u. s. w."
Von jener Geltung des Wortes sagt er (E. A. 8, 200): Man solle beim
Wort fest bleiben, weil der hier Redende nicht ein Mensch sei, sondern der,
welcher Himmel und Erde aus dem Nichts geschaffen habe und regiere und
erhalte. So will er dann auch z. B. einfach auf Grund der Schriftaussagen (E. A. 19, 8 f.) daran geglaubt haben, daß drei Personen Ein
Gott seien und Christus wahrhaftiger Gott, so hoch als der Vater; auch
die Anerkennung hiervon aber ist etwas, was Gott in den Herzen wirken
muß: „Das ist der Christen Kunst, die in keines Menschen Herz gehet,
sondern vom heiligen Geist muß darein geschrieben werden." Insofern erscheint der Glaube an die dem biblischen Gotteswort zu entnehmenden
Wahrheiten als Autoritätsglaube, und Herrmann (a. a. O. S. 182) kann
sagen, Luther habe neben seiner Erkenntnis vom rechten Glauben als
göttlicher Gabe doch die Vorstellung, daß der Glaube ein Fürwahrhalten
vorgeschriebener Lehren sei, fortzuführen vermocht. Aber es gilt hier eben
auch von jener Autorität des göttlichen Wortes, daß sie selbst nach Luther
durch Gnadenwirkung des göttlichen Geistes dem Christen innerlich sich bezeugt; sie bildet also schon insofern keinen Gegensatz gegen die Erkenntnis
vom Glauben als göttlicher Gabe.*) Und neben der Begründung des
Glaubensinhaltes auf sie, ja ganz unmittelbar zusammen mit dieser Begründung will Luther doch den Glauben an die im Gotteswort geoffenbarten Thatsachen und Wahrheiten auch auf jenes Zeugnis gegründet haben,
das der Geist in den Herzen direkt für diesen Inhalt des Wortes ablegt.
So tritt er z. B. in E. A. 13, 230 f. der Meinung entgegen, daß wir erst
von menschlichen, kirchlichen Konzilien zu lernen hätten, „was Gottes Wort
ist und was recht oder falsch ist." Wir müssen, sagt er, hören, was Gott
selbst sagt. Er bemerkt dazu, daß Gott sein Wort sonderlich durch die
Apostel uns habe schreiben lassen, wie Paulus 1 Thess. 2, 15 spreche
„Ihr nahmet das Wort göttlicher Predigt von uns auf, nicht als Menschen-
wort, sondern wie es denn wahrhaftig ist, als Gottes Wort, welches denn
auch wirket in euch, die ihr glaubet." Er giebt nun aber nicht etwa eine
menschliche Beweisführung dafür, daß Gott diesen Aposteln sein Wort ein-
gegeben habe, deduziert dann hieraus, daß ihre Schriften unbedingte
Autorität für uns haben müssen, und will vermöge dieser Autorität ihre
Aussagen zu Glaubensartikeln für uns machen; sondern er erklärt, wie

---

*) Nebenbei muß bemerkt werden, daß bekanntlich der rechte Glaube auch nach
der katholischen und scholastischen Theorie, die freilich etwas anderes darunter versteht,
göttliche Gabe oder fides infusa sein soll.

solches Wort Wort Gottes sei, so müsse er auch selbst es uns ins Herz
geben, und meint hiermit sowohl dieses Wort im ganzen und seinem
ganzen Charakter nach, als den konkreten, im Glauben zu erfassenden Inhalt desselben. Er erklärt: „Ins Herz geben kann mir das Wort niemand,
denn Gott allein; der muß im Herzen reden, sonst wird nichts daraus; . . .
darum, wenn du hörst: Du sollst nicht töten, item, du sollst andern thun,
was du wolltest von andern haben, . . . also auch die Lehre, du kannst dir
selbst nicht helfen, sondern Christus ist dein Heiland, — da mußt Du
wissen und bekennen in deinem Herzen, daß es also sei; und empfindest du
es nicht, so hast du den Glauben nicht, sondern das Wort hanget dir an
den Ohren und schwebet dir auf der Zunge, wie der Schaum ist auf dem
Wasser." — Auch haben wir mit solchen Äußerungen, in denen Luther
die Dreieinigkeit oder die Einheit der beiden Naturen in Christo einfach
aus der Schrift bewiesen haben will, doch immer diejenigen zusammenzufassen, in denen er die Bedeutung hervorhebt, welche diese Thatsachen
und Realitäten für die Heilsoffenbarung und Heilsmitteilung haben, die
Gott zunächst uns innerlich erfahren und empfinden läßt.

Indem es also objektive Wahrheiten und Realitäten sind, welche als
solche im Glauben aufgenommen und auch in dem objektiven Zusammenhang ihrer Momente, den sie als Inhalt der Heilsbotschaft haben, von
den Gläubigen verstanden werden müssen, sieht nun Luther im Glauben
auch ganz wesentlich eine Funktion des Intellekts. Seine hierauf bezüglichen Aussagen sind von Herrmann und auch von Gottschick bei den
reichen Mitteilungen, die sie aus seinen Schriften geben, nicht so gewürdigt
worden, wie schon das historische Interesse es fordert. Es verhält sich mit
ihnen auch nicht etwa so, daß er sie nur nebenher vortrüge und dabei an
die überlieferten Auffassungen und Ausdrücke sich anschlösse. Vielmehr trägt
er sie in eingehender, selbständiger Reflexion vor und bringt gerade auch
bei ihnen, wenngleich die Einflüsse hergebrachter Terminologieen auf ihn
nicht zu verkennen sind, doch geflissentlich seinen Gegensatz gegen jene Auffassungen zum Ausdruck. König (a. a. O. S. 17) bringt, so wichtig für
ihn die Sache ist, doch nur eine Stelle aus Luthers erster Psalmenvorlesung nach Hering (die Mystik Luthers) dafür bei. Am meisten
bietet dafür Luthers großer Kommentar zum Galaterbrief (ed. Erl. 2,
314 ff. 26. 29). Es ist ihm hier (pag. 314) namentlich um die Unterscheidung zwischen Glauben und Hoffen zu thun. Er erklärt wiederholt,
daß diese sehr schwer sei, daß beides sich nicht scheiden lasse. Aber er
unterscheidet doch: fides est in intellectu, spes in voluntate; der Glaube
selbst ist, wie er sagt, Kenntnis (notitia) der Wahrheit und belehrt oder
unterrichtet unsern Geist, was Wahrheit sei, während die Hoffnung zur

Ausdauer u. f. w. ermuntert; er sagt: wenn man, durch den Glauben an
Gottes Wort belehrt, Christum ergreife und mit ganzer Herzenszuversicht
an ihn glaube, so sei man durch diese notitia gerecht, — während er freilich nicht umhin kann, zu solchem herzlichen Ergreifen beizufügen: „Quod
tamen sine voluntate fieri non potest." Die Aussage, daß wir
Christum durch den Glauben ergreifen, oder daß der Glaube den Sieg
Christi ergreife, drückt es noch voller aus: wir ergreifen Christum ratione
seu intellectu illuminato fide, oder auch einfach: ratione illuminata fide
(pag. 29. 26). Der Mittelpunkt, ja Inbegriff dessen, was so geglaubt und
erkannt wird, bleibt ihm auch hiebei immer der uns geoffenbarte Heiland
Christus: das, daß man so ihn ergreife oder gläubig die für uns erhöhte
Schlange, d. h. den für uns gekreuzigten Christus betrachte, erklärt er für
das rechte spekulative oder kontemplative Leben im Gegensatz gegen die
wunderbaren Einbildungen der Mönche und Sophisten. Eben in seiner
Objektivität und Realität aber soll und kann nun also dieser Glaubensinhalt nach Luther auch von unserem denkenden Geist erfaßt sein. Von
da aus empfängt dann nach jenen Sätzen des Galater-Kommentars die
kämpfende, vorandringende, ausdauernde Hoffnung ihre Antriebe und ihre
Direktiven.

Luthers Aussagen über den Glauben als Sache des Intellekts mögen
zu mancherlei Fragen Anlaß geben. Keinesfalls jedoch dürfen sie so verstanden werden, wie z. B. König (a. a. O. S. 8) den Glaubensakt im
biblischen Sinne meint verstehen zu müssen, daß er nämlich „von einer
Wahrnehmung aus in der Denkwerkstätte sich vollziehe und vom Denken
aus erst das Gefühl und Wollen beeinflusse". Fürs erste haben wir zu
beachten, was Luther überhaupt unter Intellectus und ratio versteht.
Intellectus ist ihm, wie wir schon aus jener Psalmenvorlesung ersehen
(vgl. besonders L.s Werke, Weimar. Ausg., Bd. 3, S. 176), nicht etwa
nur jene Werkstätte, sofern in ihr das reflektierende, logisch argumentierende
und fortschreitende Denken vor sich geht. Sondern er will unter Intellectus
im theologischen Sinn diejenige Erkenntnis Christi und der göttlichen Geheimnisse verstanden haben, von der die Schrift z. B. in 1 Kor. 1 und 2 rede.
Von dieser aber fragt sich eben, ob sie nach ihm durch jenes Denken zu stande
komme, und nach jenen Aussagen Luthers über das von Gott in uns gewirkte Fühlen oder Empfinden wird sie ja vielmehr eben durch dieses erzeugt, sowie nach jenen Schriftaussagen die Erkenntnis Christi Wirkung des
Geistes Gottes ist. Auch ist daran zu erinnern, daß nach Gerson, auf
welchen Luther dort (z B. a. a. O., pag. 151) ausdrücklich sich berief, die
intelligentia eine vis cognitiva ist, welche immediate von Gott Licht
empfängt (vgl. Hering, die Mystik Luthers, S. 38). Sache der „ratio"

sodann ist (indem wir sie*) nicht mit „Vernunft" im Unterschied von „Verstand" identifizieren dürfen) allerdings jenes reflektierende, berechnende, eins
aus dem andern folgernde Denken, nach Gerson (a. a. D.) vis cogno-
citiva deductiva conclusionum ex praemissis.**) Es fragt sich aber,
woher dasselbe den Gegenstand hat, den es so zu zerlegen, zu verbinden,
zu verfolgen u. s. w. bestrebt ist. Als Denken des natürlichen Menschen
bleibt es auf die inferiora oder aufs Fleischliche, Irdische, Weltliche, das
den Sinnen sich darbietet, beschränkt und ist, wenn es, darüber hinaus-
gehend, mit den Himmlischen, Geistlichen oder jenen Heilsgeheimnissen sich
beschäftigen will, durchaus blind und wird der Wahrheit Feind. Fragen
wir aber, wie dann nach Luther doch auch die göttliche Wahrheit Gegenstand eines mit solchem Denken verbundenen Erkennens werden oder wie in
der Erlösung auch dieses Denken zu einer Beschäftigung mit den höheren
Wahrheiten befähigt werden könne, so müssen wir wieder auf jene Erklärungen von der Entstehung des Glaubens im Herzen zurückkommen; eben in
solchem Glauben ist der Gläubige ein neuer Mensch geworden. „Die göttliche Geburt," sagt Luther einmal (E. A. 10, 216), „ist nichts anderes denn
der Glaube; wenn denn nun das Evangelium kommt ... und der Mensch solch
ein Zeugnis annimmt und folget ... so wird er in seinem Hauptstück, seinem
natürlichen Licht, verändert; ... wenn nun das Licht, die Vernunft ... in ein
neu Licht ist verändert worden, ... so muß denn auch folgen das ganze
Leben des Menschen." So verhält es sich mit Luthers allgemeiner Auffassung von intellectus und ratio. Daß aber bei ihm der Glaube nicht
etwa das Ergebnis jener Denkoperationen ist, geht ja auch gerade schon
aus jenen Sätzen selbst hervor, welche den Glauben in die Intelligenz
legen. Denn sie reden ja keineswegs von einem aus intellectus oder
ratio hervorgegangenen Glauben, sondern von intellectus und ratio, die
durch den (vermöge jener Herzensanregungen erzeugten) Glauben erleuchtet
seien. — Ganz entsprechend dem bisher von uns Ausgeführten bezeichnet
Luther (Opp. ex. 23, 522) die „Erkenntnis", durch welche nach Jes. 53, 11
Viele gerecht werden und welche er dem Glauben gleich setzt, als eine
agnitio experimentalis, ja er geht dabei zurück auf die Bedeutung des
hebräischen Wortes יד, wonach man auch sage: Adam cognovit suam
uxorem, i. e. sensu cognovit, expertus eam; es sei eine viva cognitio,
so daß man das Geglaubte nicht bloß höre, sondern ergreife; es gehe ins
Herz ein, so daß man zweifellos drauf vertraue, Christus (der Knecht
Jes. 53) sei für uns gestorben; ihn ergreife man mit Freuden, wie einst

---

*) Vgl. auch Hering, Theol. Stud. u. Krit. 1877, S. 595.
**) Vgl. zu „Ratio" auch schon Cicero de offic. 1, 4.

Simeon (Luk. 2); Seele und Leib fühle dabei innovationem quandam et motum vitalem*); das fehlt nach Luther der fides historica: „Non addit hanc experientiam sensitivam et experimentalem cognitionem".

Auch dem Wollen bleibt so für den Glauben als ein Erkennen doch die ihm von Luther beigelegte Bedeutung, wenn es gleich zu seiner weiteren, vollen Geltung erst in der Liebe kommt, in welcher der den Christen beseligende Glaube wirksam wird, und in jener kämpfenden und ausdauernden Hoffnung, welche von der Glaubenserkenntnis ihre Weisungen empfängt. Der Glaube ist als fiducia Sache des Wollens. Das Moment des Wollens liegt ja auch schon im „apprehendere". Es liegt so auch zugleich mit dem Momente des intellektuellen Zustimmens in dem assensus, mit welchem der Gläubige die Heilswahrheit und den Heiland Christus aufnimmt und sich zu eigen macht. So wird fiducia, assensus, apprehendere zusammengestellt: fides est certa fiducia cordis et firmus assensus, quo Christus apprehenditur; fides apprehendit et possidet istum thesaurum, scil. Christum, praesentem; assentimur cum apprehendimus promissionem (Gal. 1, 191. Opp. ex. 23, 156). Es stimmt dazu, wenn Luther in seinen Tischreden sagt: „Der Glaube ist nicht allein eine Erkenntnis und Wissenschaft, sondern auch ein assensus, Zufall des Willens, daß das Herz gewiß dafür hält u. s. w." (E. A. 58, 379).

Man sieht, wie wenig Luthers Sinn getroffen ist, wenn König (a. a. O., S. 1 f.) gemäß den reformatorischen Bekenntnissen im rechtfertigenden Glauben auf die notitia und den assensus als dritten Partialakt das Vertrauen folgen läßt und diesen Akt ins Gebiet des Fühlens verlegt, endlich als vierten „den Wunsch oder die Sehnsucht" hinstellt und diesem erst das Gebiet des Wollens zuweist.

Insbesondere ist neuerdings, namentlich zwischen König und Herrmann, über die Stellung des assensus und der fiducia zu einander bei Luther gestritten worden. Ausdrückliche, scharfe Erklärungen darüber giebt Luther nicht. Aus Sätzen, wie dem vorhin aus Opp. ex. 23 ungeführten über die fides historica, welche „non addit experientiam sensitivam," möchte man, wenn man die andern Aussagen nicht hätte, vielleicht folgern: im echten Glauben dagegen trete zum historischen Glauben und seinem assensus noch hinzu jenes Fühlen und weiter dann auch jenes Wollen. Aber wir sahen ja schon klar genug: Er meint mit demjenigen assensus, von welchem er beim christlichen Glauben redet, eine Zustimmung, welche eben schon ein von Gott gewirktes Fühlen voraussetzt und ein vertrauens-

---

*) Vgl. Opp. ex. 5, 258: Id (benedictionem) fide apprehendo, et vicissim mihi adhaerescit benedictio et diffunditur per totum corpus et animam etc.

volles Hinnehmen und Hinnehmenwollen in sich schließt. Nirgends meint er mit demselben eine zuerst nur intellektuelle Annahme oder, wie wir zu sagen pflegen, ein bloßes Fürwahrhalten mit dem Kopfe. Immer hat in demselben die neue, von Gott gewirkte innerste Lebensbewegung schon angehoben. Herrmann geht auch selbst noch zu weit oder redet wenigstens mißverständlich, wenn er daneben (a. a. O., S. 180 f.) sagt: der Begriff des assensus als Aktes, der vor diesem Erlebnis vollzogen werden müsse, sei denn doch allerdings nicht ohne Luthers Autorität in die evangelische Lehre aufgenommen worden. — In Wahrheit also lassen die Momente, die in assensus und fiducia bei Luther liegen, sich nicht voneinander lösen; in der Wirklichkeit tritt nicht eins vor dem andern ein. Wohl aber hatten wir ja längst auch hervorzuheben, welch gewaltiges Gewicht Luther auf das Objektive als solches legt, dem der assensus gilt, das zuvor durch Gottes Wort unserm Bewußtsein kundgegeben sein muß und das nun im Glauben auch Gegenstand wirklicher Erkenntnis werden soll. Den Umfang dieses Objektiven und die Forderung, daß man es eben in jenem assensus aufnehme, dehnt er viel weiter aus als gar viele neuere mit jenem Begriffe des assensus, den er selbst doch festhält, vereinbar finden; dies ist, was auch Herrmann mit jener Bemerkung eigentlich im Sinne hat; wir werden hiervon nachher zu reden haben.

Dagegen ist der historische Glaube, in welchem man ohne jene innere Bewegung des Herzens die vom Evangelium verkündigten Thatsachen und Wahrheiten überhaupt mit seinem Denken aufnimmt und anerkennt, nach Luther noch gar nicht der wahrhaft christliche Glaube; er führt, wie er nicht vermöge jener inneren Bewegung entsteht, so auch nicht die weitere innere Erneuerung und die aus ihr hervorgehenden Früchte mit sich. Seinen Ursprung hat er nicht aus Gott, sondern der Mensch hat ihn sich selbst zurecht gemacht. — Nur einen solchen eiteln menschlichen Glauben kann Luther im „Glauben" der Scholastiker sehen, der nach ihnen erst einer Formierung durch die Liebe bedarf. Sie zwar reden auch bei dieser ihrer fides von einer göttlichen infusio, unterscheiden zwischen fides infusa, welche man haben sollte, und bloßer fides acquisita. Aber mit ihrer fides infusa ist's in Wahrheit nichts, ihre fides ist nach Luther bloßes Menschenwerk. — Von der fides acquisita, welche von jenem göttlich gewirkten Herzensglauben so wesentlich sich unterscheidet und auf welche die ganze scholastische fides sich reduziert, erklärt dann Luther einerseits, sie sei wertlos, ja sie bringe Schaden, lasse das Herz nur noch ärger werden; er spricht dies mitunter sehr stark aus denen gegenüber, welche bei einem solchen schlechten Glauben sich beruhigen, auf ihn pochen, namentlich auch die Sakramentsgnade (vgl. besonders Opp. v. arg. 5, 271) vermöge bloßer fides acquisita empfangen möchten.*) Andererseits erklärt er doch, und zwar so in einer wohl erwogenen Disputationsthese: „Fides acquisita, ut nihil sit aliud, certe vox evangelii relicta in cordibus est assidue monens ad vere credendum" (Opp. v. a. 4, 466).**) Beide Seiten vertragen sich ja auch recht gut miteinander: der objektive Wahrheitsgehalt, den einer noch ohne jene rechte, eigene Herzensbewegung in sich hegt, kann vermöge dessen, während er einerseits zu gefährlicher Einbildung verführt, doch auch wieder mit der ihm inwohnenden Wucht und Macht dem Bewußtsein ähnlich wie in einer objektiven Verkündigung gegenübertreten. Auch hier aber bleibt es doch dabei, daß nach Luther der echt christliche Glaubensassensus erst dann anhebt, wenn jene ans Herz ergehende Mahnung einmal wirklich das Herz bewegt.

So hat Luther das Wesen und die Begründung des christlichen Glaubens aufgefaßt. Die tiefe, lebendige, warme innere Bewegung, welche zum Wesen dieses Glaubens gehört, giebt sich uns auch bei ihm selbst in seiner Auffassung und Darstellung hiervon überall kund. Vorzugsweis auf diese Auffassung werden wir auch in der eigenen Untersuchung und dem eigenen Urteil zurückkommen müssen.

Wie es aber auch mit der Richtigkeit der Auffassung sich verhalten mag, — es treten uns jedenfalls auch wesentliche Punkte entgegen, welche wir näher erklärt oder bestimmt, Hauptfragen, welche wir beantwortet, naheliegende Einwendungen, welche wir erörtert sehen möchten.

Bei jenem Fühlen des gläubigen Christen könnte man nach manchen Aussagen Luthers einfach an das Leben im Genusse der gewonnenen Vergebung und beseligenden Gnade denken, worin den Gläubigen die göttlichen Verheißungen und biblischen Aussagen sich als wahrhaftig bewähren; so auch wenn Neuere den Glauben einfach ein Erleben nennen. Aber zunächst ist ja nach Luther das Glauben Bedingung, also schon Voraussetzung für den Genuß der Vergebung. Und weiter will er sehr nachdrücklich, daß der Glaube „nicht urteile nach dem, so man fühle," und meint hiermit nicht bloß ein Gefühl sinnlichen Wohllebens, sondern fordert ein Glauben, auch wo man statt jenes Genusses noch Gewissensschrecken verspüre, ja wo man Gottes Güte nimmermehr (was indessen unmöglich sei) empfinden sollte.***) Hier werden Unterschiede zwischen Fühlen und Fühlen

---

*) Vgl. bei Gottschick a. a. O. S. 22 f.

**) Diese Seite (vgl. dazu auch schon in m. Theol. Luthers S. 444) bleibt bei Herrmann und Gottschick ganz unbeachtet, obgleich Gottschick S. 23 einen andern Satz von Opp. v. a. 4, 466 beigebracht hat.

***) Vgl. z. B. E. A. 45, 230 ff., 47, 324 ff., Luthers Theologie 2, 439 f.

festzustellen sein, welche nach Luthers Sinn unschwer sich finden lassen, für welche jedoch er selbst, so weit wir sehen, keine ausdrückliche und eingehende Auseinandersetzung uns hinterlassen hat. — Zugleich bemerken wir, daß Luther als Gegenstand solchen Fühlens auch ethische Wahrheiten oder sittliche Gebote aufführt und sie darin mit der sich innerlich bezeugenden Heilswahrheit zusammenstellt: so in den oben S. 11 mitgeteilten Sätzen; da kann ja vollends von einem „Erleben" nicht in dem zuerst bezeichneten Sinne die Rede sein.

Wichtige Fragen bezüglich dieses Fühlens, die zu Einwendungen führen, haben sich schon im bisher Ausgeführten uns aufgedrängt. Läßt sich der Satz, daß der Inhalt der Heilswahrheit direkt dem Innern sich bezeuge, und der Satz, daß das Bibelwort mit seiner göttlichen Autorität sich bezeuge und demnach sein Inhalt angenommen werden müsse, so einfach nebeneinander stellen? und wie verhält sich's überhaupt mit der Begründung und dem Umfang der Autorität des Bibelworts bei Luther, zumal wenn man andere Äußerungen von ihm über die Schrift, die man als freiere zu bezeichnen pflegt, dazu nimmt? Wie weit ist endlich derjenige mannichfache und verschiedenartige Inhalt, welchen man aus der Schrift zu entnehmen und zu Dogmen und Glaubensbekenntnissen zu gestalten pflegt, seinem Wesen nach geeignet, Gegenstand eines solchen Fühlens zu werden? kann man wirklich bezüglich aller seiner Momente gleichmäßig von einem innern Bezeugtwerden reden?

Wenn ferner Luther den festen seligmachenden Glauben erst auf jenes innere göttliche Zeugnis gegründet haben will, so sind damit andere Faktoren, die zum Werden des Glaubens überhaupt zusammenwirken, nicht ausgeschlossen. Wie verhält es sich mit diesen? wie weit reichen sie in Wahrheit? Die Fragen, auf welche wir hiermit kommen, wollen in einer wissenschaftlichen Untersuchung eingehend erörtert sein; Luther hatte bei seiner religiösen Belehrung darüber, welcher Glaube zum Heile führe, nicht ebenso auf sie einzugehen. Sie treten ferner um so dringender auf, je mehr zur Zeit der gesamte religiöse Glaube erschüttert erscheint und diejenigen, welche den andern gegenüber ihren christlichen Glauben rechtfertigen möchten, dabei an gewisse von jenen noch anerkannte Glaubensfaktoren und Glaubenswahrheiten nicht mehr anknüpfen können, sondern den gesamten Grund neu legen und alles etwa dazu Gehörige neu untersuchen müssen. Dagegen standen ja bei der Christenheit, unter der Luther zu wirken hatte, die allgemeinen religiösen Grundwahrheiten und auch die Hauptaussagen des Christentums über Gott, Christus, das gestiftete Heil — wenigstens dem Anscheine nach — fest. Nur dafür sollte neues Licht gewonnen, oder vielmehr das alte wiedergewonnen werden, wie wir dieses

Heil innerlich uns zueignen können und sollen. Unsere Aufgabe führt jetzt weit über diejenige hinaus, welche die Reformatoren sich gestellt sahen.*)

Dieser Blick auf den Stand des Glaubens in jener Zeit veranlaßt auch noch zu einer Bemerkung in betreff des zum Glauben gehörigen „assensus". Je mehr der objektive, für wahr anerkannte Glaubensinhalt sowohl bei den von Herzen glaubenden, evangelischen Christen, als auch bei innerlich kalten, stumpfen, ja gottlosen Gemeindegliedern und weiter auch bei der römisch-katholischen Kirche vorhanden und festgehalten zu sein schien, um so leichter konnte auch bei Evangelischen die Auffassung einbringen, als ob der assensus überhaupt an sich noch nicht Herzenssache, sondern vielmehr Verstandesurteil wäre und erst zum Behuf der fiducia und in ihr die rechte Herzensbewegung anheben müßte. Aber Luther dürfen wir, wie wir sahen, diese Auffassung nicht beilegen, und es wird sich für uns fragen, ob sie nicht um so unhaltbarer wird, je mehr man die für den Verstand in Betracht kommenden Gründe und Gegengründe und die ihm vermöge seiner Natur gesteckten Grenzen kennen lernt und prüft.

---

*) Vgl. Er. Haupt, „Die Bedeutung der heil. Schrift" 1891, S. 87; Frank, „Dogmatische Studien" 1892, S. 8, 31.

II.
Beweisführungen der nachfolgenden Dogmatik und Apologetik.

—

Bei Luthers Auffassung vom christlichen Glauben, seinem Ursprung und Grund eröffnet sich, wie wir sahen, eine Reihe wichtiger Fragen, die in ihr noch nicht beantwortet sind. Wer ihr beistimmen zu müssen meint, wird in allen jenen Beziehungen versuchen müssen, sie erst näher noch zu bestimmen. Und vor allem muß sich ja für uns erst noch fragen, ob sie überhaupt recht hat, — ob nicht für die wirkliche Begründung unseres Glaubens doch wesentlich andere Wege eingeschlagen werden können und müssen, und welche Resultate in dieser Hinsicht namentlich dann sich ergeben werden, wenn wir das ganze Problem jener Begründung umfassend, wie es den reformatorischen Ausführungen noch nicht vorlag, uns vergegenwärtigen.

Bei den alten orthodoxen Dogmatikern der lutherischen und reformierten Kirche werden wir für die Klarstellung und Beantwortung aller der hier angeregten Fragen keine weitere Förderung finden können. Vermissen wir bei einem Luther die erforderliche Unterscheidung zwischen jenem Geisteszeugnis, sofern es dem Inhalte der göttlichen Wahrheit und sofern es der Autorität der biblischen Urkunden gilt, und ferner zwischen den verschiedenartigen Objekten, von welchen die heiligen Schriften zu uns reden, so trifft dieser Vorwurf nur noch mehr jene Epigonen.

Mehr Weisungen und Belehrungen möchten wir von einer späteren Theologie erwarten, welche es für ihre Aufgabe erkannte, im Kampfe gegen Unglauben, Deismus, Naturalismus, Rationalismus u. s. w. das Christentum zu verteidigen, seine göttliche Wahrheit zu rechtfertigen, die Gründe der christlichen Überzeugung jenen gegenüber darzulegen. Und die Wege, welche dort eingeschlagen worden sind, bedürfen auch heute noch bei uns ernster, strenger Prüfung. Gläubige und dabei wissenschaftlich strebsame

2*

Christen wenden sich, um Rechenschaft ihres Glaubens sich und anderen zu geben, auch heute noch immer wieder jenen zu und möchten bei einem Verzicht auf sie gar verzagen, während andere gar Irrwege in ihnen sehen zu müssen meinen. Soviel wird jedenfalls — auch den neueren Ausführungen E. Königs gegenüber — feststehen, daß mit ihnen eine wesentlich andere Bahn als in Luthers Aussagen über Wesen und Grund unseres Glaubens eingeschlagen wird: aber werden sie nicht durch ein Bedürfnis, das dem Reformator eben noch nicht so zum Bewußtsein kam, gefordert, und stünde es nicht schlimm, wenn sie demselben nicht genügten?

Von den Rechtfertigungen des christlichen Glaubens, auf die wir hiermit kommen, wird man ferner allgemein sagen können: es wird hier nicht sowohl untersucht und nachgewiesen, wie bei den echten evangelischen Christen insgemein ihr Glauben ursprünglich erzeugt werde, wachse und sich befestigte, als vielmehr das auszuführen versucht, was schon gläubige Christen den Zweiflern und Ungläubigen gegenüber, denen das christliche Glaubensleben innerlich noch fremd ist und deren eigenes Wissen und Denken wesentlich im Gebiete des Weltlebens und der logischen Zusammenhänge sich bewegt, eben im Anschluß an die doch auch ihnen schon feststehenden Wahrheiten vorzutragen haben, um die von ihnen vorgebrachten Einwendungen zu widerlegen und durch Gründe, die auch ihnen einleuchten, wo möglich auch sie für die Anerkennung der christlichen Wahrheit zu gewinnen. Daraus erhellt vollends der Unterschied zwischen diesen Ausführungen und den Erklärungen eines Luthers. Immerhin könnte man aber gerade hierbei fragen: bedarf nicht unser Glaube, auch wenn er auf andere Weise entstanden ist, der hier auftretenden Beweisführungen nun doch auch für sich selbst, um Einwendungen gegenüber sich zu behaupten, die doch auch im eigenen Wissen und Denken der Glaubenden sich erheben möchten, und um Bestand zu haben inmitten des gesamten Inhaltes und Zusammenhanges ihres Welt- und Selbstbewußtseins, ihres Wissens und Denkens? Wir werden uns zu hüten haben vor der neuerdings besonders durch Ritschl so weit verbreiteten Neigung, die hierher gehörigen Deduktionen und Fragen beiseite zu setzen, zunächst aber allerdings ernstlich prüfen müssen, wie weit man mit ihnen wirklich reicht und wo doch immer die Entscheidung sowohl für das Werden als für den Bestand unseres Glaubens wesentlich liegt.

1. Argumentationen von Grotius bis auf Ed. König.

Um die Grundgedanken und Hauptgedankengänge, um die es sich hier handelt, uns kurz zu vergegenwärtigen, wird schon der Blick auf wenige hierher gehörige Schriftsteller genügen, wie vor allem auf den alten Grotius, der mit seiner kleinen Schrift über die Wahrheit der christlichen Religion 1627 schon einer Menge späterer Apologeten im wesentlichen die Bahn wies, weiterhin z. B. auf G. Chr. Storr mit seiner Begründung der Autorität der heiligen Schriften, aus denen er den Inhalt der christlichen Glaubenslehre entnommen haben will (Doctrinae Christianae pars theoretica e sacris literis repetita).

Von einem auch für Nichtchristen zugänglichen und notwendigen Beweise des Daseins eines höchsten Wesens oder Gottes wird dort, bei Grotius, ausgegangen, um dann auch für jene zu begründen, daß die christliche Religion die vollkommene, der christliche Glaube Wahrheit sei. Der Beweis wird geführt durch Schluß von den Dingen, die einen Anfang haben, auf ihren letzten Ursprung und Urheber, ferner aus dem consensus gentium; vermöge jenes Schlusses wird auch die Einheit und die Vollkommenheit Gottes festgestellt. Dafür, daß die christliche Religion die „wahrste und gewisseste" sei, wird dann eine historische Begründung versucht. Es sei konstatiert, daß Jesus gelebt habe und den schimpflichen Tod am Kreuze gestorben sei. Dennoch sei er schon von Zeitgenossen weithin als Herr verehrt worden und zwar auch von anerkanntermaßen urteilsfähigen Männern. Dies lasse sich nur erklären aus den Wundern, die er vollbracht habe und in welchen Gott durch ihn gewirkt haben müsse, desgleichen aus der wunderbaren Wiederkehr des Gestorbenen und Begrabenen ins Leben; keinen Grund habe man, eine Wiederweckung durch den Gott, der ursprünglich den Menschen das Leben gegeben habe, zu bezweifeln. Weiter beruft sich Grotius für den Vorzug der christlichen Religion vor allem anderen auf den Inhalt ihrer Lehren, auf die Trefflichkeit des von ihr uns vorgehaltenen Kleinods (praemium) und zumeist auf ihre heiligen, höchsten Vorschriften für unser Verhalten gegen Gott und unsere Mitmenschen. Enthalten aber ist die christliche Religion in den Büchern des Neuen Bundes. Für die Autorität dieser Schriften glaubt Grotius geltend machen zu können die Abfassung der meisten durch apostolische Verfasser, die uns sicher bezeugt seien, und die innere Beschaffenheit auch derjenigen, deren Verfasser nicht so feststehen, — sodann die unzweifelhafte Bekanntschaft der Schriftsteller mit den von ihnen berichteten Dingen und ihren Willen, wahrhaftig zu berichten, welchen zu bezweifeln man kein Recht habe, — ferner die Wunder, die auch von den apostolischen Autoren selbst verrichtet worden seien.

Mit der Autorität dieser Schriften beginnt Storr, indem er eine Dogmatik für Christen schreiben und ihren Stoff eben den heiligen Schriften entnehmen will. Auch er meint noch, mit Sicherheit die apostolische Abfassung der meisten derselben auf Grund zuverlässiger alter Angaben und

Überlieferungen behaupten zu dürfen, — auch er behauptet genügende zuverlässige Kenntnis von Jesus, welche jenen Schriftstellern schon als einfachen Menschen zu Gebote gestanden habe, und nicht minder ihre Willigkeit, nur Wahres zu berichten, indem hievon der ganze Ton und Charakter ihrer Erzählungen zeuge und indem ein willkürliches Erdichten ihnen schon durch die Natur des Erzählten und die ganze Lage der Dinge verwehrt worden wäre. Nach ihrem Berichte nun — so wird weiter argumentiert — hat jener Jesus sich als den mit Gott aufs innigste verbundenen Gottgesandten dargestellt, und daß sein Selbstzeugnis wahrhaftig ist, beweist uns sowohl sein ganzes sittliches Verhalten, als namentlich diejenigen Werke von ihm, die wir Wunder nennen. Er aber, dessen ganzes Reden von Gott kam, hat weiter seine Apostel beauftragt: wir müssen in ihrer Lehre die Lehre des ihnen verheißenen und mitgeteilten Gottesgeistes erkennen, müssen ihr darum göttliche Autorität zuerkennen, müssen solche Autorität nun eben auch jenen Schriften derselben beilegen. Auf die Autorität der neutestamentlichen Gottesmänner und Schriftsteller soll endlich auch unser Glaube an die göttliche Autorität der alttestamentlichen, von der jene Zeugnis geben, sich stützen. „Haec argumenta libris tum novi, tum veteris foederis autoritatem divinam et fidem ad doctrinam, ad praedictiones, ad historiam conciliant."

Nach dieser insoweit abgeschlossenen Argumentation kommt dann Storr doch auch auf eine Begründung, welche die Christen für die Göttlichkeit ihrer christlichen Lehre in ihrem sittlichen Bewußtsein und Streben finden. Wer nämlich redlich bestrebt sei, nach Gottes Willen zu leben, werde im Lernen und Beobachten jener Lehre mehr und mehr erfahren, wie sie in den wahrhaft heilsamen, d. h. den zur Ruhe und Besserung der Seele dienenden Erkenntnissen fördern. So werde er durch Erfahrung, nach Jesu Wort Joh. 7, 17, die Göttlichkeit jener Lehre oder die Wahrheit des von jenen ersten, neutestamentlichen Zeugen vorgetragenen Inhaltes erkennen lernen und anerkennen. Diese erfahrungsmäßige Überzeugung ist nach Storr eins mit dem sogenannten testimonium spiritus sancti. — Zur Feststellung der Schrift-Autorität und christlichen Wahrheit für unseren prüfenden Geist oder Intellekt erscheint indessen die vorangegangene objektive Argumentation genügend; jene Erfahrung des Subjekts tritt dazu nur wie eine Bestätigung und Stütze — namentlich im Gegensatze dazu, daß trotz jener Argumente für die christliche Lehre doch ein jener Gesinnung ermangelnder Mensch nichts von ihr wissen wolle, um nicht, nach Joh. 7, 7. 3, 19 f., durch sie gestraft zu werden. Auch muß bemerkt werden, daß jenes testiomonium spiritus in Storrs Sinne von demjenigen, von welchem wir Luther reden hörten, sich doch wohl unterscheidet: es findet

bei ihm nicht so wie bei diesem ein unmittelbares Innewerden statt, vielmehr ein denkendes Rückschließen auf die Wahrheit und Göttlichkeit des
Schriftinhaltes von den Erfahrungen des sittlichen Lebens aus, in welchen
er seine Wirkungen übt. Dabei wagt Storr es nicht, einem solchen
Schlusse genügende Beweiskraft oder Evidenz beizulegen; auch für denjenigen, der selbst jene Erfahrungen bei sich macht, sind sie doch nur eine
weitere Stütze für das namentlich durch die objektiven Wunder beglaubigte
Zeugnis Jesu und seiner Apostel.

Wir sind hiermit von denjenigen Argumentationen, die wir historische
nennen können, auf Beweisführungen aus der sittlich-religiösen Erfahrung
oder, nach einem Ausdrucke Christliebs (im Art. „Apologetik" in Herzogs
Realenc.²), auf ethisch-psychologische Deduktionen übergegangen, wie wir
sie in verschiedenen Gestaltungen schon vor Storr und besonders weiterhin bis auf die Gegenwart auch bei solchen Theologen finden, welche
doch jene von Luther gemeinte unmittelbare Selbstbezeugung der göttlichen
Heilswahrheit und des göttlichen Geistes nicht annehmen, ihr nicht die
entscheidende Bedeutung zuerkennen, auch die bestimmteren auf sie bezüglichen
Fragen überhaupt nicht scharf ins Auge fassen. So hatte schon S. J.
Baumgarten*) einen Beweis für die Göttlichkeit der biblischen Offenbarung auf Grund der Erfahrung vorgetragen, indem er unter Erfahrung
eine Erkenntnis verstanden haben wollte, zu der wir durch die Aufmerksam-
keit auf unsere eigenen Empfindungen gelangen; so können wir nach ihm
die Übereinstimmung der biblischen Vorstellungen und Aussagen mit unseren
eigenen Empfindungen z. B. in betreff des natürlichen sündhaften Zustands
unseres Herzens wahrnehmen, so die durch nichts anderes zu erreichenden
Erfolge der in der heil. Schrift für uns aufgestellten Heilsordnung. Auch
das, was Grotius dort über die unleugbaren inneren Vorzüge der sittlichen Forderungen und Verheißungen des Christentums gesagt hat, können
wir hierher ziehen, sofern es das sittliche Bewußtsein der Menschen ist,
das hiervon Zeugnis geben oder ein solches Urteil fällen soll. In reicher,
mannigfacher, vielfach verdienstlicher Weise ist besonders durch neuere
Theologen das zur Verteidigung und Begründung des christlichen Glaubens
ausgeführt worden, daß die christliche Heilsoffenbarung sich als unseren
Notständen und Anlagen entsprechend erweise, die tiefsten und höchsten Bedürfnisse befriedige, auch erst zu wahrer Humanität führe. So nach
Apologeten wie Ebrard, Delitzsch, Baumstark u. a. Auch der
Beweis, welchen Kaftan in seiner „Wahrheit der christlichen Religion"
für die Wahrheit des Christentums zu führen versucht, gehört wesentlich

---

*) Vgl. Klaiber, Jahrb. für deutsche Theologie, Bd. 2, S. 20 ff.

hierher. Er will ihn geführt haben in dem Nachweis, daß der christliche Glaube das der Vernunft entsprechende höchste Wissen oder die Erkenntnis der ersten Ursache und des letzten Zweckes der Welt sei, indem die christliche Idee vom Reich Gottes eins sei mit der vernünftigen Idee vom höchsten Gute. Wer nun nur diese Worte hört, könnte vermuten, Kaftan sei vielmehr in die Reihe solcher rationalistischer und spekulativer Denker zu stellen, welche auf dem Weg theoretischer Erkenntnis der Welt und unseres Geistes und vermöge eines sogenannten dialektischen Gedankenprozesses ein höchstes Wissen zu gewinnen vermeinen und vom christlichen Glauben fordern, daß er durch Übereinstimmung mit dem Ergebnis und Inhalt dieses Wissens sich rechtfertige und befestige. Aber Kaftans Grundbehauptung ist ja im Gegenteil, daß das Bestimmende im vernünftigen Denken und Erkennen der Wille mit seinen praktischen Interessen sei, daß die sittlich-religiöse Weltanschauung und die Idee eines höchsten Gutes, das unsrer Seele vollkommene Befriedigung geben soll, aus praktischen Nötigungen erwachse. Man kann nach ihm an jenem höchsten Wissen auch nicht teilhaben, ohne darin zu leben, und kann darin nicht leben, ohne zu dieser Wahrheit bleibend im Verhältnis innern Gehorsams zu stehen. So wird ihm nun jene Idee vom Gottesreich für unsere Vernunft zunächst zu einem Postulat. Daraus erhebt sich nach ihm weiter das Postulat einer geschichtlichen Offenbarung, welche das Gottesreich als ein überweltliches zum Inhalt habe und selbst Mitteilung des höchsten Gutes sei. Darüber aber, ob es eine solche Offenbarung wirklich gebe, belehre uns die Wirklichkeit oder die Geschichte selbst.

Jene historischen Argumentationen aber behaupten daneben oder gar vor allen andern Gründen für die christliche Glaubensüberzeugung auch noch innerhalb der neueren Theologie ihre Stellung, so wenig die Art, wie einst ein Storr und andere sie in guter Zuversicht durchführten, heutzutag einem gewissenhaften denkenden Christen genügen kann. Sie wollen jedenfalls in ihrem Wert, ihrer Notwendigkeit und Tragweite, wie in ihren Schwächen und Schranken neu erwogen und geprüft sein.

Mit Bezug auf die Stelle, welche hierbei einer für die biblischen Schriften bezeugten Inspiration zuzuerkennen sei, hat auch noch ein Twesten gar ruhig und zuversichtlich in seiner Dogmatik sich geäußert, indem er noch die Hauptausdrücke der altprotestantischen Orthodoxie für sie festhält. Man sollte denken, die Sicherheit, womit die Alten auf sie sich stützten, müßte jetzt auch bei Theologen, die aufrichtige Pietät gegen das in der Schrift enthaltene Gotteswort hegen, doch sehr erschüttert sein; die Eingebung und Autorität der Schrift müsse mindestens richtiger verstanden und demgemäß auf andere Weise und in anderem Umfang für die Begründung des Glaubens

geltend gemacht werden. Aber in direktem Widerspruch hiegegen hat neuerdings W. Kölling *) die „Theopneustie" in strengstem Sinne wieder zum
Fundamente des Glaubens zu machen versucht.

Niemand darf auch gegen diejenigen Zweifel mehr sein Auge verschließen,
welche in einem von Storr oder gar Grotius noch nicht geahnten Umfang jetzt gegen die Abfassung der biblischen Schriften durch die von der
Überlieferung angenommenen menschlichen Verfasser und hiermit zugleich
gegen die Zuverlässigkeit der uns in ihnen vorliegenden geschichtlichen Zeugnisse erhoben werden. Wiederum aber hat doch gerade neuerdings Ed.
König **) auf diese Zeugnisse, wie sie unserer verständigen Prüfung und
Erkenntnis vorliegen, auch noch ohne Geltendmachung ihres Inspirations-
charakters den Glaubensbeweis gegründet: noch ebenso zuversichtlich wie der
alte Grotius, wenn er gleich keineswegs mehr ganz dieselbe Basis wie
dieser zu behaupten wagt. Unser christlicher Glaubensakt wird nach ihm
im Kopfe geboren. Er ist das in der Denksphäre zustandekommende Anteilnehmen an einem Wissen von Zeugen über Christi Person und Werk.
Durch eine unmittelbare Gewißheit oder durch eigene Erlebnisse kann dieses
Anteilnehmen nicht vermittelt werden. Es wird hergestellt durch das Zeugnis
der in unserem Kanon enthaltenen Schriften. Wir haben hier nach
König jedenfalls eine Anzahl von Schriften, welche von denjenigen
Männern, denen sie selbst sich zuschreiben, wirklich verfaßt sind, wie namentlich die vier Hauptbriefe des Paulus; wir haben jedenfalls gewisse
authentische Äußerungen Jesu; wir haben überhaupt noch unzweifelhaft
direkte Aussagen solcher Personen, die bei der Entstehung der legitimen Religion Israels und ihrer durch Jesus vollzogenen Vollendung Werkzeuge,
oder Urheber, oder Zeugen gewesen sind. Wir haben ferner vollgenügenden
Grund, diesen Zeugen zu vertrauen. Dafür kommt bei den alttestamentlichen Propheten in Betracht ihr unerschrockener Wahrheitssinn, ihre Freiheit von selbstischen Interessen, ihre intellektuelle Befähigung u. s. w.;
bei Jesus sein überlegener Scharfsinn, sein scharfes Verhalten gegen
Heuchelei, das jede eigene bei ihm ausschließt, seine sittliche Reinheit überhaupt, sein Bewußtsein höherer autoritativer Stellung, wofür wir den Ursprung nur in einem übernatürlichen Kontakt mit dem Jenseits finden
können, die Art, wie er von Gott als seinem Vater und von seinem Wissen
göttlicher Dinge redet, während wir sein Selbstbewußtsein nicht als eine

---

*) „Prolegomena zur Lehre von der Theopneustie" 1890, „Lehre von der
Theopneustie" 1891; vgl. die Besprechung von Haering: „Theol. Stud. u. Krit."
1893, S. 176 f.

**) „Der Glaubensakt des Christen" 1891, vgl. schon oben S. 7. 12. „Die
letzte Instanz des bibl. Glaubens" 1892.

Selbsttäuschung begreifen könnten, — dazu sein Vollbringen von Werken, die als übermenschliche Leistungen auf einen spezifischen Zusammenhang mit einer guten übermenschlichen Kraftquelle hinweisen; bei den Aposteln die unverwischbaren Spuren ihrer Wahrhaftigkeit z. B. darin, daß sie auch in so manchen für die Jünger betrübenden Dingen die Wirklichkeit nicht verschwiegen, — speziell bei Paulus die Stärke seiner Denkfähigkeit, mit der er so auch seinen Übergang zum Christentum erwogen haben muß, die Sicherheit seines Bewußtseins vom guten Grunde seiner neuen Stellung u. s. w., — dazu auch bei den Aposteln solche Thaten, welche sie und andere nicht aus dem für gewöhnlich wirksamen Komplex von Weltkräften herleiten konnten. So wird durch die Selbstzeugnisse der Propheten, Christi und seiner Apostel der Glaube begründet; dieser hat so ein bejahendes Urteil aus zureichenden Gründen zu fällen; und er ist so ein Anteilnehmer am Wissen von Zeugen. Der Glaubensanspruch jener Persönlichkeiten muß hierbei durch das Gewicht ihrer Zeugnisse den Sieg über das natürliche Selbständigkeitsstreben des Menschen gewinnen; man darf jedoch nach König in diesem Siege nicht etwa den Beweis sehen für die Glaubwürdigkeit ihrer Aussagen oder für die Thatsächlichkeit ihrer einzigartigen Beziehung zur jenseitigen Welt.

Auf den bisher bezeichneten Wegen bewegt sich unsere evangelische Theologie, so weit sie unseren Glauben an die Heilswahrheit oder unsere christlich-religiöse Überzeugung durch irgend eine logisch-fortschreitende Deduktion begründet haben will. Bald wird mehr der eine, bald mehr der andere derselben eingeschlagen. Auf die weitere Ausgestaltung, welche sie da und dort erhalten, brauchen wir hier nicht einzugehen. Gemeinsam ist und bleibt ihnen eben das, daß sie, von den oben angegebenen verschiedenen Grundlagen ausgehend, mittels Folgerungen, die der denkende Geist ziehen soll, jenes Resultat erreichen wollen. Im Unterschied hiervon haben wir dasjenige innere Zeugnis, auf welches Luther und andere uns verwiesen haben, als ein unmittelbares zu bezeichnen: damit es sich kundgebe, muß der in Christus geoffenbarte Gott durch sein objektives Wort unserm Innern nahekommen; so aber giebt sich dasselbe dann kund mit einer unmittelbaren Gewißheit; es bedarf, damit diese Gewißheit entstehe, nicht erst logischer Folgerungen von anderen Gebieten des menschlichen Lebens und Bewußtseins aus, auch nicht erst logischer Schlüsse von dem im menschlichen Innern sich vollziehenden Wirkungen aus auf den wirkenden Gott und seinen Geist, so vielen Wert derartige Gedankengänge dann dafür haben mögen, daß zu dem innerlich also Bezeugten und Vernommenen auch der Inhalt unseres gesamten Bewußtseins und Wissens in harmonische Beziehung gesetzt werde.

2. Das Unzureichende der Beweisführungen.

Wie weit aber reichen nun also jene Deduktionen an sich, ohne ein solches Zeugnis oder abgesehen von ihm? Geben sie wirklich dem christlichen Glauben die Sicherheit, deren er bedarf und welche zu besitzen er getrost behauptet? Können und sollen sie ihm seine Sicherheit schon in seiner Entstehung geben? Oder wenigstens dann, wenn der Glaube, zunächst ohne sie ins Leben getreten, über sich selbst reflektiert, mit Einwendungen sich auseinandersetzen muß, seiner ursprünglichen Unbefangenheit verlustig gegangen ist? Was ist und was bleibt, kurz gesagt, das eigentlich Entscheidende für seine Begründung und Sicherstellung bei uns? Kaum wird eine rückhaltslose Beantwortung dieser Frage je so sehr Bedürfnis gewesen sein, wie unter dem Kämpfen und Ringen unserer Zeit. Und soviel in den vorhin eingeführten theologischen Kreisen zur Rechtfertigung und Begründung des christlichen Glaubens geschrieben worden ist, sowenig wird man sagen können, daß dabei gerade dieser Hauptfragepunkt schon scharf genug ins Auge gefaßt worden sei.

a. Beweise fürs Dasein Gottes.

Zurückgehen müssen wir auch bei der Prüfung jener Deduktionen auf diejenigen, von welchen wir schon einen Grotius ausgehen sahen, d. h. auf die, welche das Dasein Gottes noch abgesehen von der biblischen Offenbarung und heil. Schrift beweisen wollen, oder auf die Beweise für dieses Dasein Gottes, wie sie ja schon längst zuvor nach verschiedenen Richtungen hin ausgebildet waren. Denn wer den Glauben an jene Offenbarung durch Schlußfolgerungen, wie die oben vorgeführten, begründen will, für den müssen ja gewisse Grundwahrheiten bezüglich Gottes und vor allem die Existenz eines Gottes schon zuvor feststehen, und er wird für ihre Feststellung womöglich gleichfalls den Weg der Schlußfolgerung versuchen müssen.

Man kann auch nicht etwa die ganze Frage nach der Kraft und allgemeinen Bedeutung dieser Beweise hier damit abweisen, daß der religiöse Glaube frommer Christen ja thatsächlich ohne sie zu entstehen und festzuwerden pflege. Denn dann bliebe ja doch immer noch (vgl. oben S. 20) die andere Frage, ob der Glaube nicht ihrer dazu bedürfe und wirklich durch sie dazu befähigt werde, auch innerhalb jenes Gesamtinhaltes und Gesamtzusammenhanges des menschlichen Denkens und Erkennens und den von andern Seiten her kommenden Einwendungen gegenüber sich zu behaupten und zu rechtfertigen. Und eben diejenigen Gedankenzusammenhänge, welche in jenen Beweisen zu förmlichen Schlußfolgerungen werden, machen sich ja doch offenbar auch schon bei der Entstehung des einfachen Glaubens an Gott geltend, wenn sie hier gleich der strengen Gedankenform noch entbehren und auch nicht als das für den Glauben Entscheidende angesehen werden können: schon der Heide und schon das Kind blickt von der Welt, ihrem Bestand, ihrer Ordnung und ihrem Verlauf aus auf die schöpferische und waltende Gottheit hin und sieht sich mit den Regungen seines sittlichen Bewußtseins, Gewissens und Willens vor einen gebietenden und richtenden Gott gestellt. Wird nun nicht doch die Selbstbehauptung des Glaubens an Gott erst noch wesentlich davon abhängen, daß die hier sich geltend machenden Gedankenzusammenhänge als logisch richtige und für unser Denken notwendige nachgewiesen werden?

So muß denn die Theologie, indem sie über die Begründung des Glaubens Rechenschaft zu geben hat, jedenfalls mit den hier angehenden Fragen sich beschäftigen und auch die Kraft jener Beweise prüfen, — sei's in der eigentlichen Dogmatik, sei's an einem andern Orte. Die Beweise sind auch neuerdings von F. Nitzsch in sein Lehrbuch der evangelischen Dogmatik, von Zöckler in das „System der Glaubenslehre" aufgenommen worden. Jener bespricht sie nur als Anhang der Lehre von Gott und seiner Erkennbarkeit, während der rechte Ort für einen Beweis des Daseins Gottes, wenn er möglich wäre, die Metaphysik sei. Bei Zöckler erhalten sie ihre Stelle in jenem System, nachdem demselben schon eine die Entstehung der christlichen Gewißheit behandelnde „dogmatische Prinzipienlehre" (bearbeitet von Cremer) vorangegangen ist. Was ihre Würdigung betrifft, so gilt für die Gegenwart noch ganz, was Runze in seinem Grundriß der evangelischen Glaubens- und Sittenlehre 1883 (Th. 1, S. 54 f.) gesagt hat: noch sei ein Einklang darin bei keiner kirchlichen Richtung hergestellt. Nitzschs Urteil über sie läuft, soviel Bedeutung er ihnen beilegt, doch wesentlich darauf hinaus, daß sie für sich noch keine zwingende Kraft haben; er erklärt schließlich: „Sie können an und für sich, ohne religiöse Erfahrung, zum Gottesbewußtsein nicht führen". Dagegen haben wir in J. A. Dorners System der christlichen Glaubenslehre (1879) den geistvollsten, von innerer Zuversicht getragenen Versuch der neueren gläubigen Theologie, in spekulativer Gedankenentwicklung darzulegen, wie durch dieselben, wenn man sie nur richtig fasse und verstehe, Sein und Begriff Gottes, dessen der Christ freilich schon im einfachen Glauben gewiß sei, wissenschaftlich festgestellt und zugleich im Fortschritte derselben die Gottesidee als Idee des Absoluten, und weiter des absoluten Lebens und Lebensprinzips, des absolut harmonischen Lebens, endlich des absoluten ethischen Geistes zur Entfaltung gebracht werde. Zöckler (a. a. O.) erklärt: mathematische Stringenz komme ihnen selbstverständlich nicht zu, doch seien sie dem religiösen Denken stets unentbehrlich; in ihrer Isoliertheit erscheinen sie unbeweiskräftig, aber zum ganzen der religiös-philosophischen Demonstration vom Gottesdasein verbunden, bringen sie die Vernünftigkeit der Gottesidee in einer auch für das christlich-religiöse Interesse nicht gleichgiltigen Weise zu anschaulicher Darstellung. Man möchte von ihm wohl noch eine bestimmtere Erklärung darüber haben, ob sie nun in dieser ihrer Gesamtheit doch, wenn auch ohne „mathematische Stringenz", dazu genügen, um unser Denken wirklich, trotz aller ihnen entgegengestellten Einwendungen und ohne Geltendmachung andersartiger Momente und Faktoren zur sicheren Anerkennung eines Gottes zu führen, ja zu nötigen. In seiner Einführung von J. H. Kennedys Schrift „Gottesglaube und moderne Anschauung" (Berlin, 1893) warnt dann Zöckler vor einer Übereilung, welche auch manche aus dem kirchlich-konservativen Lager stammende Darstellung in ihrer ablehnenden Haltung gegen jene Beweise begehe; aus Kennedys Buche könne man lernen, daß dazu der heutige Stand des menschlichen Wissens weder nötige, noch berechtige. Das Wissen, von welchem Kennedy speziell, und zwar in sehr interessanter, eingehender Weise handelt, ist das naturwissenschaftliche, das ja gerade in der Gegenwart auch ganz besonders wichtig für unsere Frage geworden ist. Und in seinen Darlegungen findet nun Zöckler als Ergebnis jedenfalls soviel, daß auch die gefördertste Kenntnis von den Dingen dieser Welt in Wahrheit nur Zeugnisse für das Vorhandensein eines den Kosmos überwaltenden und den höchsten Zielen zuführenden absoluten Geistes erbringe.

Meine eigene Ansicht über die Bedeutung und das Unzureichende jener Beweise habe ich längst in den „Theol. Studien u. Kritiken", Jahrg. 1875 und 1876*) ausgeführt. Im wesentlichen wird wohl mit ihr die von Nitzsch zusammentreffen. Wird die Frage bestimmt darauf hin gerichtet, ob irgend welche Denkfolgerungen, die von bloßen Begriffen oder von der unserer Erfahrung vorliegenden Welt ausgehen, für sich, sei's einzeln, sei's in ihrer Gesamtheit, die Überzeugung von Gottes Existenz wirklich zu begründen vermögen, oder ob nicht vielmehr die letzte sichere Entscheidung hierüber immer in einem Vorgang, Eindruck oder unmittelbaren Innewerden des sittlich-religiösen Mittelpunktes unserer Persönlichkeit liegen müsse und vollkommen erst unter der Einwirkung der christlichen Offenbarung auf unser Inneres so sich vollziehen könne, — so muß ich auch jetzt mit aller Bestimmtheit, ja noch nachdrücklicher, als es in jener längeren Auseinandersetzung geschehen ist, das Erste verneinen und das Zweite bejahen. Eben

---

*) Französisch bearbeitet von W. Rivier in „Revue de théologie et de philosophie, Lausanne 1878".

auch jenen von naturwissenschaftlichem und naturalistischem Standpunkt ausgehenden Einwendungen und Aufstellungen gegenüber, die uns Kennedy besonders reich und scharfsinnig auseinandergesetzt hat, ist es dringendes Erfordernis für uns, nicht bloß die Schwächen und Lücken dieser aufzudecken, sondern auch die wirkliche Tragweite der eigenen aus der Naturbetrachtung entnommenen Gründe scharf und unbefangen zu prüfen und, wenn man ihr Unzureichendes gestehen muß, die letzte Entscheidung anderswo zu suchen. Der Wahrheit wird ja gerade auch bei Zweiflern, welche die Wahrheit lieben und suchen, nur um so mehr geschadet, je mehr man sie ihnen auf Gründe bauen will, die ihnen unzureichend erscheinen müssen.

Vorweg abweisen müssen wir fort und fort den sogenannten ontologischen Beweis. Sollte überhaupt ein wissenschaftlicher Denker, der der allgemeinen Entwicklung des Denkens, der Philosophie und Wissenschaft überhaupt in unserer Zeit gefolgt ist, noch an dem Gedanken festhalten, daß durch Schlußfolgerungen aus dem bloßen, irgendwie formulierten Begriffe Gottes die Überzeugung von Gottes Sein hervorgebracht oder wenigstens, wo sie schon lebt, den Einwendungen und Zweifeln gegenüber begründet werden könne? Gegen die Deduktion aus dem Inhalt jenes Begriffes für sich, abgesehen von seinem Verhältnis zu anderen Begriffen oder zum Inhalt unseres Innern überhaupt, und zwar aus dem Begriffe Gottes als des vollkommensten Wesens (vgl. Zöckler a. a. O.: E notione entis perfectissimi) wird jetzt doch wohl jeder, auch wenn er nicht unter die Neukantianer gehört, mit Kant, ja schon mit Cartesius' Gegner Gassendi einwenden müssen, daß das Sein eben nicht zu den Vollkommenheiten zu rechnen ist, oder daß zur Vollkommenheit eines Dinges, das ich denke, mit seiner Existenz nicht eine weitere Vollkommenheit hinzugedacht wird. — Dorner beruft sich dafür, daß wir ein Absolutes anerkennen müssen, auf das Verhältnis, in welchem die Begriffe des Unendlichen und Endlichen zu einander stehen: ohne den Gegensatz des Unendlichen könnte auch das Endliche nicht als solches gewußt werden, und so gäbe es ohne das Absolute nicht bloß nichts Unendliches mehr für uns, sondern auch kein Wissen des Endlichen mehr. Aber ein Empiriker wird gegen dieses Operieren mit Begriffen einwenden: wir kommen auf die Vorstellungen und den Begriff von Endlichem und Unendlichem einfach dadurch, daß die Erfahrung uns fort und fort auf Dinge führe, die begrenzt oder endlich seien, und uns zugleich immer wieder über dieselben hinausführe, ohne uns dabei ein Ende finden, oder ein solches auch nur als möglich erscheinen zu lassen; meine man indessen doch ein wirkliches Unendliches behaupten zu müssen, so biete sich einem dafür von hier aus nur das Universum oder die Welt als Ganzes dar. — Gott oder das Absolute wird ferner in einer sogenannten ontologischen Beweisführung als die höchste Einheit von Denken und Sein, von Idealem und Realem bezeichnet, welche das vernünftige Denken als wirklich anerkennen müsse, um selbst Bestand zu haben. Das Denken fällt, wie Dorner sagt, ohne dieses Einheitsprinzip auseinander. Ähnlich erklärt Pfleiderer (in seinem Grundriß der christlichen Glaubens- und Sittenlehre), daß die Verknüpfung von Denken und Sein im endlichen Geist deren Einheit im absoluten Geiste voraussetze. Man erkennt die gleichartige philosophische Spekulationsweise, welche hier bei diesen beiden sonst so verschiedenartigen Dogmatikern sich geltend macht. Aber lassen nicht die Fragen und Voraussetzungen, um die es hier sich handelt, in einem anders gearteten philosophischen Denken, das nicht solche Abstraktionen wie Sein und Denken zu seinen Ausgangspunkten und Grundbegriffen macht, sich richtiger, klarer und einfacher fassen? Wir finden uns erfahrungsmäßig mit unserem Vorstellen und Denken den konkreten objektiven Realitäten gegenüber, — einer realen Welt, aus der wir selbst herstammen; wir finden, daß wir mittels unserer eigenen realen Leiblichkeit in unserem Bewußtsein Eindrücke von dorther empfangen, deren Inhalt in unseren Vorstellungen Gestalt gewinnt, in unseren Begriffen geordnet wird. So suchen wir denn im wissenschaftlichen und philosophischen Denken festzustellen, ob und inwieweit und unter welchen Bedingungen wir das von uns Vorgestellte und Gedachte für eins mit dem Objektiven, Realen erklären oder, um die vorhin erwähnten Kategorien anzuwenden, eine Einheit von Denken und Sein behaupten dürfen. Und weiter mögen wir fragen nach letzten Ursachen für jene Wirkungen, die vom gesamten Dasein her an uns und unser Bewußtsein ergehen, und für unser ganzes bewußtes Leben selbst und für die gesamte Weltentwicklung, vermöge deren aus der uns umgebenden Welt heraus dieses unser Leben sich erhebt und im Wechselverkehr mit ihr sich entfaltet. Damit kommen wir aber nicht auf sonderliche ontologische Argumentationen aus den abstrakten Kategorien des Denkens und Seins, sondern wir stehen damit bei denjenigen Gedankengängen, die man richtiger im sogenannten kosmologischen und namentlich teleologischen Beweise zu verfolgen pflegt. Übrigens sehe man auch zu, wie jene Feststellung selbst sich vollziehen oder die feste Überzeugung davon, daß unserem Denken das Sein irgendwie entspreche, sich wirklich begründen lasse: ob man etwa hier mit logischen Schlußfolgerungen ausreiche und nicht vielmehr auch hier auf irgend ein unmittelbar Gewisses zurückgehen müsse. — Etwas ganz anderes als _eine logische Folgerung aus Begriffen_ ist es, wenn man durch die Bedeutung, welche das wahrhaft Höchste und Vollkommene, nämlich vor allem das _ethisch Vollkommene_ oder vollkommen Gute für unser Inneres, und zwar vor allem für unser sittliches Bewußtsein und Leben hat, sich so ergriffen, ja überwältigt und zugleich verpflichtet findet, daß man nicht umhin kann, diesem Höchsten Wirklichkeit zuzuerkennen. Da ist das Entscheidende gerade nicht mehr die logische Argumentation. Die Frage, ob und wie das Göttliche so an unser Inneres herantrete, gehört an einen andern Ort.

Dem empiristischen Denken und naturwissenschaftlichen Forschen und Erkennen gegenüber, welches der Gegenwart eigentümlich ist, kommen für uns jedenfalls vornehmlich die beiden vorhin genannten Beweise in Betracht, welche beide von der unserer Erfahrung vorliegenden Welt ausgehen, um von ihr aus auf einen Urheber derselben zu schließen. Die Betrachtung dieser Welt soll ja auch nach den bekannten apostolischen Worten auf Gott uns hinführen, in ihr Gott sich uns offenbaren. Wird eine streng wissenschaftliche und philosophische Betrachtung den Überzeugungen einer frommen religiösen Betrachtung festen Gehalt geben? Wird sie, wie so viele heutzutage behaupten, vielmehr Widerspruch gegen sie erheben oder wenigstens bei skeptischen Resultaten stehen bleiben müssen?

Bei der kosmologischen Argumentation aber wird man wohlthun, auf die Anwendung eines traditionellen, auch von manchen philosophierenden Theologen noch recht unkritisch eingeführten Hauptbegriffes, nämlich des Begriffs des Zufälligen oder der contingentia mundi, vorweg zu verzichten. Zufällig, wovon doch der Gegensatz immer das Notwendige sein soll, werden hier die endlichen Dinge genannt, weil keins seinen zureichenden Grund in sich selbst habe und weil sie daher nicht notwendig als seiend gedacht werden müßten, sondern auch als nichtseiend gedacht werden könnten. Aber ein Denker, der mit der Wirklichkeit sich zu thun macht und sich hütet, Realbeziehungen und bloße Denkbeziehungen zu konfundieren, wird die einzelnen Realitäten und realen Vorgänge nie für sich oder ihrem bloßen Begriffe nach betrachten, sondern immer in ihrem realen Zusammenhang miteinander und wird hier alles Einzelne im natürlichen Dasein und Geschehen vielmehr notwendig finden, weil es mit Notwendigkeit aus dem Zusammenwirken der jedem einzelnen Ding und Vorgang vorangehenden Dinge und Vorgänge hervorgehe. Da ist dann die Frage: Muß nicht, während wir an der Hand der Erfahrung von jedem gegebenen Endlichen wieder auf anderes Endliches als auf seine wirkende Ursache zurückschließen, unser Denken auch auf ein nicht weiter Bedingtes, nur in sich selbst Begründetes, Absolutes als letzte, höchste Ursache von allem schließen? Und ferner fragt man: Muß nicht vermöge ebenderselben Denknotwendigkeit, mit der wir für jedes Einzelne in der Welt eine wirkende Ursache annehmen müssen, auch für die Welt als Ganzes eine solche gesucht und eben in jenem sich selbst begründenden Absoluten gefunden werden? Aber so gewiß unser Denken vermöge seines Wesens nach Einheit und Abschluß strebt

und deshalb den regressus in infinitum, in welches es ohne jene letzte
Ursache gerät, unerträglich finden mag: folgt denn aus dem bloßen Drang
und Bedürfnis, daß ihm auch wirkliche Befriedigung gesichert ist? hängt
nicht eben auch das scheinbar Unerträgliche mit dem ganzen Wesen unseres
Vorstellens und Erkennens zusammen? Und nun erheben sich gegen jenen
Gedanken, der die Befriedigung bringen soll, sofort Schwierigkeiten, die
selbst wieder unerträglich, ja unüberwindlich erscheinen. Jenen Fragen tritt
entgegen die Frage: Was denken wir denn wirklich in jenem vermeintlich
gar hohen Gedanken einer letzten Ursache, einer causa sui? läßt er sich
denn überhaupt vollziehen und entwickeln, bleibt er nicht ein eben so hohles
wie hochklingendes Wort? reden wir hiemit nicht von etwas, was, um sich
selbst zu setzen, existieren muß, ehe es gesetzt ist, also ehe es existiert? oder
sollen wir in den Irrgängen, in denen der alte ontologische Beweis sich
bewegte, für uns Hilfe suchen und sagen, das Absolute sei causa sui,
sofern seine Existenz durch seinen Begriff gesetzt sei? Kommen wir ferner,
wenn wir das die Welt setzende Wirken dieses Absoluten denken wollen,
nicht entweder auf einen Urakt, der als ein einzelner, zeitlicher gedacht
werden und die Vorstellung einer vorangehenden Unwirksamkeit des Absoluten
mit sich führen müßte, oder aber auf einen ewigen und durch alle Zeit
durchgehenden Akt desselben, dessen einzelne auf einander folgende und aus
einander hervorgehende zeitliche Momente dann doch wieder jene unerträgliche Gestalt eines Regresses ins Unendliche oder Endlose für uns annehmen
müßten? In der That — wenn der Gott, von dem wir freilich Unbegreif-
liches aussagen müssen, nicht ganz anders und mit noch ganz anderem
Inhalt, als in den Gründen des kosmologischen Beweises, sich uns bezeugte
und seiner uns gewiß werden ließe, so möchte gerade ein recht gewissenhafter, streng sittlicher, auch in seiner Weise frommer Denker es für notwendig, ja für seine Pflicht erachten, sich hier skeptisch zu bescheiden und
auf alle Denkaussagen zu verzichten, welche über den festen Zusammenhang
der in endlosem Verlauf vor uns liegenden endlichen Dinge oder Vor-
stellungsobjekte hinauszugehen wagen. Bei allen neueren Dogmatikern,
welche überhaupt von den Beweisen fürs Dasein Gottes handeln und ihnen
bald mehr, bald weniger positive Bedeutung zugestehen, muß ich, so ver-
schiedenartig auch ihre Standpunkte sind und so sehr sie auch sonst als
Kritiker auftreten, eine genügend eindringende und scharfe Kritik namentlich
des kosmologischen Beweises vermissen.

Nicht schon im allgemeinen Gedanken an die endlichen Dinge, die
eine Ursache und auch eine letzte Ursache haben müßten, sondern erst in
der Betrachtung dieser Welt als eines wunderbar geordneten, auf Zwecke
hinstrebenden und unser eigenes Leben in sich hegenden, auf unsere eigenen

Ziele hin gerichteten Ganzen tritt Gott, der Schöpfer und Herr, unserem religiösen Geist recht nahe. Vorzugsweise in den Schlußfolgerungen, welche das Denken mit Notwendigkeit aus jener Ordnung ziehe, d. h. vorzugsweise im sogenannten teleologischen Beweis, möchte man so wohl auch den festen Grund und Halt für die Überzeugung vom Dasein Gottes und speziell von ihm als höchster Weisheit suchen.

Geht die neuere Naturforschung, anstatt den Zwecken nachzugehen, vielmehr überall darauf aus, den Zusammenhang der wirkenden Ursachen oder Kräfte zu erforschen und die in ihm herrschenden Gesetze festzustellen, so steht das an und für sich der teleologischen Betrachtung und den aus ihr zu ziehenden Folgerungen keineswegs entgegen. Geht doch auch eine zusammenhängende Wirksamkeit, die wir selbst in der äußeren Welt und Natur auf ein gewisses Ziel hin üben und für welche das erste Bestimmende der Gedanke an dieses Ziel ist, immer in der Weise vor sich, daß das Einzelne ihres Zusammenhanges durch die natürlichen Realursachen gemäß den für sie geltenden Gesetzen hervorgebracht wird, und in jeder Maschine wird, während sie einem durch die denkende Intelligenz gesetzten Zwecke dient, doch jedes einzelne Glied mechanisch durchs andere bestimmt. Man meine nicht im religiösen Interesse um der teleologischen Betrachtung willen die ätiologische befeinden oder um dieser willen für jene fürchten zu müssen. Thatsächlich hat ferner gerade die neuere Naturforschung unseren Blick mit Bezug auf diejenigen Gebiete, welche speziell für die Teleologie in Betracht kommen, gewaltig erweitert und bereichert: sie zeigt uns eine ungeahnte, unendliche Menge von Organismen oder Lebewesen, wo in jedem Einzelorganismus jedes Stück und Atom dem ganzen dient und wiederum eine Gattung von Organismen der Entwicklung der andern. Und während ein Haufen von Materialisten von der Teleologie nicht bloß absieht, sondern ihr und ihren Folgerungen die Anerkennung verweigert, wird ihr solche von Forschern und Denkern, die an der Spitze stehen, fort und fort laut und entschieden zu teil.*) Ein Robert Mayer, als Entdecker eines hochbedeutsamen Naturgesetzes einer der größten unter ihnen, konnte, wie er sagt, „nicht aufhören, schon im Gebiete der unbelebten Welt die Weisheit dessen zu bewundern, der die Himmel und unsere Erde geschaffen hat".**) Der vor kurzem dahingegangene geniale naturwissenschaftliche

---

*) Uhlhorn, „Das Leben Jesu", fünf Vorträge, 4. Aufl., 1892, S. 197, führt Aussprüche an von Kepler, Newton, dem Geographen Ritter u. a.; die dort (auch in meiner Schrift „Der Glaube u. s. w." S. 139, ferner bei W. Schmidt, „Der Kampf ums Dogma" 1891, S. 69) angeführte Grabschrift des Kopernicus aber stammt nicht von diesem selbst (Luthardt, Theol. Liter.-Bl. 1892, S. 188).

**) Theol. Stud. u. Krit., 1878, S. 689.

Techniker auf dem Gebiete der Elektrizität W. von Siemens erklärte vor einer Naturforscher-Versammlung, daß, je tiefer wir ins Walten der Naturkräfte eindringen, desto mehr wir zu demütiger Bescheidenheit uns angeregt fühlen und unsere Bewunderung der die ganze Schöpfung durchdringenden ordnenden Weisheit steigen müsse.*) Ja, Ausdrücken, welche die Zweckvorstellung in sich schließen, begegnen wir doch fort und fort auch in den Ausführungen jener Materialisten; sogar in Stimmungen, welche ein Eindruck höchster Weisheit und Güte, wenn auch nur von „Mutter Natur" hervorruft, sehen wir auch sie unwillkürlich geraten.

Und dennoch können wir auch bei der Beweiskraft, welche der Schluß aus dieser Weltteleologie hat, uns nicht beruhigen. Denn diese selbst unterliegt doch auch für die gegenwärtige Betrachtung der Natur den Einwendungen, welche für die Menschheit immer gegen sie sich erhoben haben, und gerade die neuere Naturwissenschaft hat nach der Behauptung einer Menge ihrer Vertreter und Koryphäen endlich auch entdeckt und nachgewiesen, wie man das richtig erklären könne, was dieselbe doch nur höchst unvollständig und widerspruchsvoll zu erklären versuche. Auch diejenigen Waffen, welche hier gegen die hergebrachten religiösen und theologischen Folgerungen vorgeführt werden, sind von den neueren Dogmatikern verschiedener Richtung, welche die Gottesbeweise behandeln, und zwar auch von kritisch gerichteten, wie einem Biedermann und Pfleiderer, nicht genügend beachtet, gewürdigt oder niedergeschlagen worden.

Unendlich reich stellt sich uns jetzt jenes organische Leben und Treiben auf unserer Erde dar, unendlich klein aber diese selbst in dem Weltraum, in welchem die Forschung Gleichartiges nicht wieder findet. Durch jenes organische Zusammensein und Zusammenwirken, dessen wir bewundernd uns erfreuen, brechen überall verderbliche und zerstörende Wirkungen durch, welche von den einen Gliedern des Ganzen auf die andern, und zwar zumeist auch von niederen auf die höheren und höchsten, nämlich speziell auf uns Menschen ausgehen. Vertreter der Naturwissenschaft belehren uns endlich mit aller Sicherheit: wie das organische Leben auf dieser Erde zwar schon seit einer enormen Anzahl von Jahrtausenden sich zu entwickeln begonnen habe, dieser Zeitraum aber doch, verglichen mit der vorangegangenen und endlos dahinter liegenden Weltzeit, zu einer kleinen Zeitspanne zusammenschwinde, so werde eben dasselbe dereinst im Laufe der Zeiten von neuen Umwälzungen unseres Weltkörpers und ganzen Sonnensystemes verschlungen werden; was man bis dahin als Zwecke der irdischen Gestaltungen und Entwickelungen ansehen möchte, finde dort seinen Untergang; was weiter

---

*) Zeitschr. „Nord und Süd", Okt. 1892.

3*

als Zweck erkannt werden sollte, sei nicht abzusehen. F. Nitzsch führt als etwas, was die Teleologie nicht begünstige, die Mißgeburten an: wie unendlich viel mehr, viel Allgemeineres und viel Schwereres ließe sich vorführen! John Stuart Mill, einer der angesehensten unter den neueren Denkern, welche unsere Wahrheitserkenntnis nur aus den sinnlichen Erfahrungen und aus den auf ihr ruhenden Folgerungen unseres verständigen Denkens gewinnen wollen, hat uns eine Ausführung hinterlassen, in der er erklärt:*) wenn der zehnte Teil der Mühe, die man sich gegeben habe, wohlwollende Absichten in der Natur aufzusuchen, darauf verwandt worden wäre, Stoff zur Anschwärzung des Charakters des Schöpfers zu sammeln, so hätte man dafür weiten Spielraum gleich in der Existenz der niedrigen Tiere gefunden; die sogenannte natürliche Religion könne nicht weiter kommen, als auf ein Wesen, dessen Macht zwar groß aber beschränkt sei, das eine vielleicht auch beschränkte, ja noch beschränktere Intelligenz besitze und das wohl ein gewisses Glück für seine Geschöpfe wünsche, daneben aber noch ganz andere und noch stärkere Beweggründe zum Handeln zu haben scheine. Die große Menge gebildeter, denkender Leute, welche in der Gegenwart offen oder stille dem Pessimismus zustimmt, erhebt sich in ihrer Anerkennung einer teleologischen Weltordnung höchstens bis zu diesem Standpunkt. Werden logische Argumentationen zur Widerlegung ausreichen?

Die richtige Erklärung dessen, was wir teleologisch erklären wollten, soll dann der Darwinismus mit seiner Lehre von der Deszendenz und natürlichen Zuchtwahl darbieten. Die höheren lebenden Wesen, die eine vollkommenere Organisation und größere Kraft der Selbstbehauptung besitzen und für welche so die andern Naturprodukte zum Mittel ihrer Unterhaltung werden, sind zu diesem ihrem Stand und Wesen nicht etwa durch eine vorausschauende, zwecksetzende, auf die Zukunft hinwirkende Intelligenz gelangt, sondern sind einfach aus der vorangegangenen, durch die wirkenden Naturursachen bestimmten Entwicklung der natürlichen Dinge so hervorgegangen. Unter den ihnen vorangegangenen unvollkommeneren Individuen nämlich, von denen sie herstammen, haben allemal diejenigen, welche verhältnismäßig schon am stärksten angelegt waren und die günstigsten Bedingungen für die Ausgestaltung ihrer individuellen Eigenschaften in ihrer Umgebung vorgefunden hatten, sich vor den anderen im Kampf ums Dasein behauptet, haben sich mit gleichartigen geschlechtlich verbunden und haben dann ihre eigentümlichen Vorzüge und Errungenschaften auf ihre Nachkommen vererbt. Ganze Gattungen neuer, höherer Art sind so allmählich

---

*) Mill, Über Religion u. s. w., 3 nachgelass. Essays, deutsch v. E. Lehmann, 1875, S. 49.

entstanden. Neue Organe haben aus den schwachen Vorbedingungen, Ansätzen und Anfängen, in welchen sie bei den Vorgängern vorhanden waren, in der Reihe der nachfolgenden Geschlechter sich herausgebildet. Die natürlichen Individuen und Gattungen sind nach Darwin zu ihren wunderbar angemessenen Einrichtungen langsam dadurch gelangt, daß jeder Teil gelegentlich unbedeutend, aber in vielerlei Weise variiert und dann diejenigen Änderungen sich forterhalten, welche für den Organismus den komplizierten Lebensbedingungen gegenüber besonders wohlthätig sind. Man pflegt für die Teleologie besonders auf den Bau des Auges sich zu berufen. So auch wieder Kennedy und ein anderer von ihm zitierter englischer Schriftsteller Martineau: in vollständiger Finsternis sei das Auge gemacht, das korrekt für die Brechung der Lichtstrahlen berechnet sei; das sei fast so überraschend, wie wenn in einer Stadt von Blinden ein Mikroskop erfunden würde. Aber die Gegner haben die Antwort bereit: das jetzige Auge eines Menschen sei keineswegs so neu im Leibe seiner Mutter geworden, sondern sei erst das Resultat einer langen, bei den Vorgängern stattgehabten Entwicklung und zu den Bedingungen und wirksamen Ursachen dieser Entwicklung haben wesentlich auch schon die Sonnenstrahlen mitgehört, die den Vorgängern geleuchtet und zur Ausgestaltung und Anpassung ihres Sehorgans mit gedient haben. Ja, die Gegner wagen gar auf den (auch bei Kennedy erwähnten) Nachweis eines Helmholtz sich zu berufen, wonach unserem Auge, wenn man es als optisches Instrument betrachte, eine Anzahl von Fehlern anhafte, denen man zwar keinen schädlichen Einfluß auf unser Sehen vorwerfen könne, die aber doch vielmehr dafür zeugen, daß das Organ ein Ergebnis jener Entwicklung, als dafür, daß es das Kunstwerk einer unbedingten Intelligenz sei.

Kennedy glaubt für die Teleologie ganz besonders auch das Schöne und Erhabene in der Natur geltend machen zu können. Hier, sagt er, liegen uns ja auch Thatsachen vor, welche durch jene Lehre von der Zuchtwahl nicht im geringsten berührt werden. Er erinnert da z. B. ans Schöne auf dem Meer und am Strand, beim Auf- und Untergang der Sonne, am mitternächtlichen Himmel, auch an die wunderbar schönen Gestalten, welche gewisse Elemente durch chemischen Prozeß in der Krystallisation annehmen. Aber für diejenigen, welche die Richtung der Welt und Natur auf Zwecke hin in anderen und zwar gerade auch in den für uns höchsten Beziehungen leugnen, kann schwerlich das ein größeres Gewicht haben, daß, wie sie es ausdrücken werden, jene natürlichen Vorgänge vermöge der aus der bisherigen Entwicklung hervorgegangenen Beschaffenheit unseres leiblich-psychischen Organismus auch dasjenige Gefühl und Behagen, welches wir ästhetisches Wohlgefallen nennen, in uns hervorrufen. Dazu erhebt sich sofort auch hier das Widerspiel von so viel Unschönem, Widrigem, Ekelhaftem im natürlichen Dasein und Leben. Auch lassen sich ja auf jenem Gebiete des Unorganischen, wo für die Lehre von der Zuchtwahl kein Platz ist, die Vorgänge nur um so leichter ganz aus den mechanischen und chemischen, unserem eigenen Experimente zugänglichen Kräften oder wirkenden Ursachen ableiten, wenn wir auch auf die weitere Erklärung davon verzichten müssen, warum diese oder die so ausgestatteten Atome gerade so und nicht anders geartet sind.

Mit dem allem soll hier keineswegs gesagt sein, daß jene Gegengründe gegen den teleologischen oder physikotheologischen Beweis uns überzeugen könnten, wohl aber davor gewarnt, daß wir seinen eigenen Schlußfolgerungen schon entscheidende Kraft für unsere Überzeugung beimessen. Die Frage wäre, ob nicht auch hier wenigstens Verzicht auf eine Entscheidung dem strengen Denker geboten ist.

Zu einer besseren Begründung des Beweises aber gehört nun gewiß vor allem eine nähere und klarere Bestimmung derjenigen Zwecke, auf welche nach ihm das natürliche Dasein hinzielt, des sogenannten Höheren, welchem nach weiser Anordnung das Niedrigere als Mittel dienen, des sogenannten Vollkommenen, welchem die Entwicklung zustreben soll. Versteht man darunter nur ein Stärkeres, das möglichst reiche Bestandteile, Organe und Kräfte festgeschlossen in sich vereinigt und dadurch in jenem Kampf ums Dasein am besten sich behauptet und weiter entfaltet, dann mag immerhin jene Erklärung der Darwinisten genügen, die eben nur zeigt, wie ein solches Stärkeres allmählich werde und obenan zu stehen komme; und dann mag man auch immer die Aussicht darauf behalten, daß das, was wir jetzt als das Höchste im irdischen Dasein begrüßen, einst auch wieder von noch stärkeren Gewalten werde verschlungen werden. Anders wird es mit unserem Beweise stehen, wenn wir uns berechtigt und genötigt finden, ein über das ganze bloße Naturleben sich erhebendes ethisches Leben anzuerkennen, ein Willensleben mit unbedingten an den Willen sich richtenden Forderungen und unbedingten Werten, von dem wir uns sagen dürfen und müssen, daß ihm das Naturgebiet zum Mittel der eigenen Bethätigung gegeben und sieghafter Bestand auch allen etwa drohenden Naturmächten gegenüber zugesichert sei. Sollte hiezu auch jene natürliche Deszendenz und Zuchtwahl führen? Sollte — nach einem einst von Strauß gebrauchten, sich selbst trefflich widerlegenden Ausdruck — die Natur so über sich hinausgewollt haben, ja gar hinausgegangen sein? Aber beim Übergang aufs Ethische erhebt sich nun sofort erst recht die Frage: Wieviel leisten hier logische Argumentationen, ausgehend von bloßen Begriffen oder von der Erfahrung im gewöhnlichen Sinn des Wortes, d. h. der sinnlichen Erfahrung? Finden wir uns hier für die Erkenntnis der gesamten ethischen Wahrheit nicht gleich von vornherein auf eine Erfahrung und unmittelbare Gewißheit ganz eigener Art verwiesen?

Das zuletzt Gesagte gilt vollends vom sogenannten historiko-theologischen Beweis oder der anderen Seite des teleologischen. Zöckler hat in seiner Einführung jener Kennedyschen Schrift mit Grund bemerkt: es sei für die Absichten des Verfassers eher hinderlich als förderlich, daß vom teleologischen Beweisverfahren gerade jene höhere und stärkere Seite desselben, welche sich mit den in der Menschheitsgeschichte zu Tag tretenden Zwecksetzungen Gottes beschäftige, gänzlich und grundsätzlich ausgeschlossen geblieben sei. Aber welcher Christ und Theolog wird ohne das entschiedenste Zurückgehen aufs sittliche und bestimmter aufs christlich-sittliche Bewußtsein und Erkennen die höchsten Ziele der Menschheitsentwicklung feststellen wollen, oder den göttlichen Erziehungsplan, der ihr zu Grunde liege, nachweisen, oder die Erreichung der Ziele, die eben nur durch einen lebendigen Gott denkbar sei, garantieren?

Für den sogenannten moralischen Beweis versteht sich, wie man ihn auch fassen mag, das Gesagte gar von selbst. Schließt man vom Sittengesetz auf den Gesetzgeber, so sehe man erst zu, wie denn jenes mit seiner göttlichen Unbedingtheit sich in uns bezeuge. Sucht man in Gott den Weltlenker, der dem durch uns auszurichtenden sittlich Guten die Realisierung in der objektiven Welt sichere, so fragt sich wieder erst, wie wir denn des unbedingten Anspruchs, den jenes auf Verwirklichung habe, gewiß werden. Soll Gott es sein, der die erforderliche Übereinstimmung zwischen Tugendhaftigkeit und Glückseligkeit und überhaupt zwischen dem allgemeinen Wohlsein und dem sittlichen Wert der Menschen und ihres Verhaltens schließlich herstelle, so muß man mit dem hier Erforderten, das übrigens vielen gar nicht einmal für erforderlich gilt, wieder an die gleiche innere Instanz sich halten. Dazu kommen beim Moralbeweis wieder die stärksten Einwendungen aus der Erfahrung im gewöhnlichen Sinn des Worts und aus dem aus ihr folgernden Denken. Da fehlt es eben weit und breit an jener Vergeltung. Da scheitern immer und immer wieder gute Absichten und Unternehmungen. Ja, da hören wir, daß mit der Wirklichkeit, die dem wissenschaftlichen Forschen und Denken vorliege, auch die Freiheit unseres Willens sich nimmermehr vertrage, vielmehr als Illusion erkannt werden müsse. Recht interessante Ausführungen neuerer Naturkundiger hierüber, die von Theologen wohl noch selten eingehend beachtet worden sind, teilt uns Kennedys Buch mit. Einer der wichtigsten Gedanken der neueren Naturwissenschaft, das Gesetz der Erhaltung der Kraft, wird gegen die Freiheit, nämlich gegen jede Einwirkung eines freien Willens auf unsere

Gehirn- und Nervenfunktionen und hiermit auf unser Leben überhaupt vorgeführt: denn jenes Gesetz würde, wie man uns sagt, dann steten Ausnahmen unterliegen, indem die Wirkungen jener Kraft, die doch stets gleichmäßig, wenn auch in verschiedenen Gestaltungen fortgehen müssen, durch ein
Eingreifen des Willens eine Unterbrechung erleiden müßten, durch die das
Gesetz ganz sinnlos würde.

Mit diesen Fragen über das sittliche Bewußtsein, Erkennen und Verhalten werden wir sofort in die Untersuchungen über Vorgänge unseres
Inneren hineingeführt, die wir als ein Erfahren, Erleben oder Innewerden
ganz anderer Art als jenes sinnliche, aber eben auch als ein unmittelbares
Innewerden im Unterschied von logischen Folgerungen und Ergebnissen bezeichnen dürfen und auf welche in diesem Gebiete des Wissens alle diese
Folgerungen sich werden aufbauen müssen. Mit ihnen werden wir die
inneren Vorgänge, auf welchen der religiöse Glaube ruht, zusammenzustellen haben: sie gehören ihrem innersten Wesen nach zusammen. Und
was wir von solchen sittlichen und religiösen Vorgängen und von ihrer innern
Zusammengehörigkeit zu sagen haben, wird für uns vollends beim Werden
evangelisch-christlichen Glaubens und christlicher Glaubensüberzeugung ins
Licht treten; so werden wir das, was für diese das Entscheidende ist, zu
verstehen haben.

Aber verfolgen wir vorher noch jene Deduktionen, mit welchen man
weiter auch den spezifisch-christlichen Glauben oder die Glaubwürdigkeit der
biblischen Offenbarung und Wahrheit ihres Inhaltes für den denkenden
Verstand zu begründen versucht hat, damit der also überzeugte Mensch dann
herzlich auf diesen Inhalt vertraue und mit seinem Willen und Leben dem
hier geoffenbarten Gotte sich ergebe!

b. Beweisführungen für die Wahrheit der christlichen Offenbarung.

Wir haben es hier nach dem oben Gesagten jetzt ganz besonders mit
E. Königs Ausführungen zu thun. Sie haben auch jedenfalls das große
Verdienst, den Standpunkt, den sie vertreten und auf welchem sie viele, aber
großenteils in sich unklare Genossen haben, recht bestimmt, scharf und ge-
wichtig auszusprechen.

Vorausgesetzt wird hier bei der Frage, wie der Glaubensakt des
Christen zu stande komme, in denen, welche zu diesem Glauben gebracht
werden sollen, immer schon ein gewisses religiöses Bewußtsein und Wissen
in betreff des Gottes, der nun in jener Offenbarung als der wahrhaftige
Gott und mit seinem wahren Wesen und Willen sich bezeugen will. Die
Frage, wie dasselbe insoweit schon vor der eigentlichen und festen

christlichen Glaubensüberzeugung zu stande komme, können wir hier beiseite lassen.

Absehen können wir hier auch von der Frage nach der Bezeugung der alttestamentlichen Offenbarung, wofür König auf die unzweifelhaft direkten Aussagen gewisser bei der Entstehung der legitimen Religion Israels werkzeuglich thätiger Personen sich beruft und sodann bei diesen Werkzeugen und Zeugen, nämlich den Propheten, vor allem ihren unverkennbaren Wahrheitssinn und sittlichen Charakter geltend macht. Denn das größte Gewicht hat ja doch für uns jedenfalls die Frage nach der neutestamentlichen Offenbarung. Diese steht uns auch geschichtlich am nächsten. Was man von historischen Zeugnissen gerade nach Königs Sinn für die Begründung des Glaubens beibringen mag, gilt zunächst und zumeist für sie, und wenn es für sie nicht ausreichen sollte, dann reicht eine solche Art der Begründung gewiß noch viel weniger fürs Alte Testament zu.

Die neutestamentlichen Zeugnisse haben wir dann also nach den allgemeinen Anforderungen und Regeln historischer Kritik zu prüfen; erst aus der Zuverlässigkeit, die wir vermöge solcher Prüfung ihnen beizulegen haben, kann darauf geschlossen werden, ob diesen Schriften wohl gar ein höherer Ursprung und demnach auch eine höhere Autorität zukomme, wie dies die Kirchenlehre behauptet. Und zwar muß die Prüfung der Zeugnisse natürlich ganz besonders auf diejenige Seite der von ihnen bezeugten Geschichte sich richten, nach welcher diese eigenartig über alle uns sonst bekannte Menschheitsgeschichte, ja über alle uns zugänglichen Bedingungen natürlichen menschlichen Geschehens hinausragt, sowie dann weiter auch jener Ursprung und Charakter der Schriften selbst auf wunderbare höhere Einwirkung und Mitteilung zurückgeführt wird. Dahin gehört, was wir dort hören vom einzigartigen inneren Verhältnis Jesu, des Einen heiligen Gottessohnes und Bringers des Gottesreiches und Heiles, zum himmlischen Vater; dahin, was uns berichtet wird von äußeren Wundern, d. h. nicht bloß von solchen auffallenden Naturerscheinungen überhaupt, mit denen die Erfahrung besonderer Gnadenhilfe Gottes verbunden ist (eine Ritschlsche Definition, welche den uns vorliegenden Fragepunkt verhüllt), sondern von Naturerscheinungen, die, wie es faktisch bei den biblischen Wundern der Fall ist, nur aus einem besonderen Eingreifen Gottes und nicht aus dem bloßen eigenen gesetzmäßigen Walten der Naturkräfte erklärt werden können und wollen.*) Speziell dieser Inhalt muß Gegenstand der Prüfung werden. Denn wir müssen, so freudig wir ihn anerkennen, doch zugeben: speziell er fordert die historische Kritik heraus. Denn diese ist wirklich

*) Vgl. Uhlhorn a. a. O., S. 159.

darauf angewiesen, den Inhalt historischer Angaben nach denjenigen Gesetzen des erfahrungsmäßigen Geschehens, die sich ihr durch Induktion ergeben, zu prüfen und nichts davon Abweichendes für sicher anzunehmen, wofern der Historiker nicht auch durch Gründe ganz einziger Art über jene fest in sich geschlossene Erfahrung hinauszugehen gedrungen sein sollte, vielmehr für jenes Abweichende eine andere, dem sonstigen Zusammenhang entsprechende Erklärung zu suchen, oder, falls die Angaben dazu nicht ausreichen, ein „non liquet" auszusprechen, wozu ja ein gewissenhafter Historiker auch in einer Menge anderer Fälle sich entschließen muß. Mit den Bedenken einer solchen historischen Kritik also haben wir zu thun, bieselben auch im Interesse christlicher Aufrichtigkeit und Gewissenhaftigkeit uns selbst vorzuhalten. Sie also meint König mit einfachen Deduktionen des Verstandes auf Grund des uns vorliegenden äußeren Zeugnismateriales erledigen zu können. Gleich hier soll sich bewähren, daß, wie er sagt, „die Glaubensleistung des Christen sozusagen im Kopfe geboren wird."

Gemäß den Anforderungen, die hier an uns gestellt werden, die indessen auch dann, wenn man die letzte Entscheidung anderswo sucht, ihre Geltung behalten, müssen wir jedenfalls zuerst fragen, wo die Berichterstatter sind, von denen unsere neutestamentlichen Schriften herstammen.

Wie ganz anders aber steht es heute mit den Ansichten, Meinungen und Erkenntnissen hierüber, als zu den Zeiten eines Grotius und noch eines Storrs und anderer, welche ruhig davon ausgingen, daß jene Schriften mindestens zum größten Teil von bestimmten Aposteln und apostolischen Männern verfaßt seien und daß diese die Wahrheit sagen konnten, wollten, ja mußten. Dagegen erklärt jetzt auch König, indem er „sich auf das allersicherste Terrain zurückziehen will", zunächst nur unbestimmt, daß eine „Anzahl" der 27 Bücher des Neuen Testaments von denjenigen Männern herrühre, denen sie selbst im Zusammenhang ihres Textes sich zuschreiben, und führt dann als solche nur die sogen. vier Hauptbriefe des Paulus an, da die zuletzt durch Steck ausgesprochenen Zweifel (König schrieb so 1891) als basislos erwiesen worden seien. Von unserem ersten Evangelium sagt er nur, er glaube das außer Zweifel setzen zu können, daß es im wesentlichen die Originalzüge von Christi Prinzipien darbiete.

Beginnen muß die historisch-kritische Darlegung jedenfalls mit den soeben genannten Briefen als den ältesten schriftlichen Zeugnissen, die wir (neben den schon mehr angezweifelten Thessalonicherbriefen) über die neutestamentliche Offenbarung besitzen. Denn unsere gegenwärtigen vier Evangelienschriften sind jedenfalls jünger als sie. Ihre wirkliche Herkunft von Paulus mögen wir hier ruhig ohne weitere Debatte annehmen, wenn es auch leicht sein möchte, mit eben so viel Schein z. B. zwischen dem 2. und

1. Korintherbrief Differenzen in Sprachform und Gedankeninhalt nachzuweisen, wie etwa zwischen dem Kolosserbrief und jenen Briefen, und wenn
sich gleich fragen wird, ob nicht auch schon diese Echtheitsfrage neben bloßen
Verstandsoperationen und namentlich einem verständigen Sichhineinversetzen
in die Lage des Briefschreibers und seiner Adressaten zugleich ein gewisses
sittlich-religiöses Verhalten und eine gewisse sittlich-religiöse Vertrautheit mit
den vom Verfasser verkündeten Wahrheiten und dem in ihm sich kundgebenden Geiste voraussetze.

In jenen Briefen sind auch wirklich höchst bedeutsame geschichtliche
Zeugnisse für uns enthalten, so wenig ihr Verfasser beabsichtigt hat, der
Nachwelt solche darin zu hinterlassen. Durch eine eigentümliche Fügung
haben namentlich im 1. Korintherbriefe besondere Verhältnisse in dieser
Einzelgemeinde den Apostel dazu veranlaßt, uns jene Abendmahlsworte
Jesu 1 Kor. 11, 23 ff. zu überliefern, welche das wichtigste, klassische
Zeugnis seines Heilandsbewußtseins für uns sind, und die ganze Reihe der
Erscheinungen des Auferstandenen 1 Kor. 15, 4 ff. uns vorzuführen. Man
möchte in unsern erst später abgefaßten Evangelien die Wunder für bloße
Mythen erklären: aus dieser Briefstelle sehen wir, daß das größte Wunder
die dort genannten, damals noch lebenden Augenzeugen hatte. Man könnte
unseren Evangelien gegenüber etwa vermuten, die angeblichen Erscheinungen
haben erst in der späteren sagenhaften Überlieferung sich vermehrt und jeder
Evangelist habe beizubringen gesucht, was zu seiner Zeit sich hätte beibringen
lassen: dort vernehmen wir schon von mehr Erscheinungen, als jedes der
einzelnen Evangelien berichtet hat, und dazu von einer, die gar über
500 Brüder zu Zeugen hatte. Man könnte bei Paulus' Angabe, daß der
Auferstandene von jenen Jüngern und sodann auch von ihm „gesehen"
worden sei, etwa an Visionen denken, wie sie auch sonst besonders nächtlich
vorkommen und auch im Neuen Testament noch weiterhin (z. B. gleich
Apostelgesch. 9, 10) berichtet werden: aber jene Erscheinungen waren nach
des Apostels Angabe (1 Kor. 15, 8) vielmehr mit der ihm zu teil gewordenen abgeschlossen. — Für den Eindruck, welchen die Person Jesu der
gesamten Jüngerschaft hinterlassen hatte und welcher in ihr fortlebte und
fortwirkte, erhalten wir das stärkste Zeugnis darin, daß der Gestorbene und
Auferstandene für sie, die bisherigen Juden und unbedingten Monotheisten,
nun Gegenstand einer Anrufung geworden war, wie sie nach dem alttestamentlichen Wort eben nur Gotte zustand (vgl. besonders auch Röm. 10,
12 ff.: die Beziehung des Joelwortes auf ihn). So sehr Paulus in andern Beziehungen für seine Anschauungen erst noch gegen andere Glieder
der Gemeinde kämpfen mußte, so sehr weiß er in jener Anrufung Christi
sich mit ihrer Gesamtheit eins; eine andere Frage ist, wie weit dieser ge-

meinfame Inhalt des Jüngerbewußtseins auch schon überall dogmatisch aus=
geprägt war. Schon hiermit würden die genannten Briefe zum historischen
Gegenbeweis dagegen genügen, daß Jesus von Nazareth nur so, wie viele
neuere wollten, als sittlich=religiöser Lehrer oder Rabbi seinen Jüngern ur=
sprünglich sich dargestellt habe. — Wunder ferner hatte der Apostel nicht
bloß aus der Vergangenheit zu berichten, sondern das Wunderthun gehört
ihm zur Ausstattung und den Kennzeichen der gegenwärtigen Apostel, er
selbst beruft sich darauf für seine eigene Selbstbewährung (2 Kor. 12, 12;
Röm. 15, 19).

Das sind ja schon sehr wichtige Momente für eine historische Deduktion.
Aber leisten sie wirklich schon, was sie für eine Beweisführung, wie die
Königsche leisten müßten? Was wir von apostolischen Wundern hier
hören, lautet viel zu unbestimmt, als daß eine Prüfung mit sicheren Er=
gebnissen möglich wäre, so lange man nicht die andern neutestamentlichen
Angaben beizieht. Auch über die Art, wie der auferstandene Jesus er=
schienen sein sollte, könnten wir hier noch viel zu wenig Licht gewinnen.
Und die Hauptfrage bleibt: wie wird uns die Wahrheit aller dieser Aus=
sagen gewiß? Wie werden wir dessen gewiß, daß der Apostel, wenn wir
ihm auch redliche Wahrheitsliebe zuschreiben dürfen, nicht in Selbsttäuschung
begriffen war bezüglich dessen, was er durch Christi Offenbarung und
Wirkung persönlich erlebt zu haben, was er in sich zu besitzen, was er auch
äußerlich wunderbar bethätigen zu können glaubte? Demgegenüber genügt
durchaus nicht eine Gegenfrage, wie sie König ("Die letzte Instanz"
u. s. w. S. 5) gegen E. Haupt aufstellt: ob, wenn ein Richter die Zu=
verlässigkeit eines Zeugen zu prüfen habe, unerschrockener Wahrheitssinn,
Selbstlosigkeit u. s. w. nicht auch schon Eigenschaften seien, aus denen die
Vertrauenswürdigkeit desselben hergeleitet werden dürfe. Nein, falls ein
tüchtiger Richter mit Vorgängen zu thun bekäme, in denen der ganze na=
türliche Lauf der Dinge wunderbar durchbrochen erschiene, so würde er auch
bei aller ihm bisher bekannten Redlichkeit und Zuverlässigkeit eines dafür
eintretenden Zeugen sich nicht beruhigen; er würde auch anderen Seiten,
die im Charakter derselben liegen, physischen und leiblichen Zuständen, die
dabei mitspielen, und überhaupt allen inneren und äußeren Faktoren, die
im Verborgenen eingreifen möchten, so unbefangen als möglich nachgehen;
er würde zugleich im Auge behalten, wie oft eigentümliche äußere Zufälle,
wie oft auch trügerische Machinationen schlechter Subjekte den Blick und
das Urteil auch gewissenhafter Zeugen verwirren. Wer ins wirkliche Leben
hineinsieht, wird für das alles Beispiele in Menge finden können: sittliche
Persönlichkeiten, in welchen Licht und Dunkel in fast unbegreiflicher Weise
geeint erscheint, scheinbar einfache Thatsachen, in denen doch ein für uns

unentwirrbares Netz von Faktoren zusammengewirkt hat, auch Produkte einer trügerischen menschlichen Kunstfertigkeit, durch welche sogar anerkannte Philosophen und Naturforscher irre gemacht worden sind (vgl. gewisse Spiritistenkunststücke). Um aber dennoch ein richtiges Urteil über einen Mann wie Paulus, und zwar namentlich über seinen sittlichen Charakter zu gewinnen, bedarf es vor allem eigenen sittlich-religiösen Sinnes und sittlich-religiöser Durchbildung. Um sein ganzes Zeugnis von dem Heile, das in jenem Jesus Christus angebrochen sein soll, zu verstehen und zu würdigen, muß man auch selbst innere Eindrücke davon empfangen haben. Entsprechendes wird dann vollends für Jesu eigene Offenbarung in unsern Evangelien gelten. Und hiermit sind wir wieder von jenen Argumentationen des Intellekts auf ein anderes Gebiet hinübergeführt. Ebenso verhält es sich mit dem Hinweis auf die Wirkungen, welche von dem angeblichen Schwärmer oder gar Betrüger Paulus auf die Menschheit ausgegangen wären, — wie z. B. Uhlhorn fragt, ob Wahn und Lüge so große und so segensreiche Dinge in der Welt ausgerichtet haben sollten, oder ob wir glauben, daß sittliche Mächte in der Welt herrschen, wenn auch Wahn und Lüge hie und da kurz triumphieren. Denn wir stehen auch hiermit wieder beim Glauben, der seinen festen Grund anderswo als in jenen Argumentationen hat. Gerade Uhlhorn erklärt, nachdem er der geschichtlichen Bezeugung der biblischen Wunder überhaupt ihr volles Recht hat angedeihen lassen, hernach doch: das Fürwahrhalten dieser Thatsachen hänge nicht lediglich von Verstandsoperationen, sondern zugleich von sittlichen Faktoren ab.*) — Sittlich religiöse Eindrücke und Regungen jener Art pflegen auch bei Kritikern mitzuwirken, welche ganz nur ihrem Verstande zu folgen vermeinen und hierauf stolz sind. Ihnen haben sie's zu verdanken, daß sie nicht entweder noch weit mehr Verzicht auf positive Resultate leisten müssen, als sie bis jetzt leisten, oder aber, entgegengesetzten Regungen und Neigungen Raum gebend, aus den Männern der Offenbarung vielmehr unheimliche Größen des vorhin angedeuteten Charakters machen möchten.

Mit dem hier Ausgeführten haben wir bereits auf den Inhalt der neutestamentlichen Urkunden überhaupt und namentlich ihre gesamten geschichtlichen Zeugnisse über Jesus Christus Bezug genommen.

Betrachten wir näher noch die Berichte unserer Evangelien, so können wir gewiß nicht mehr, wie es auch König nicht thut, zum Ausgangspunkte das machen, daß wir hier direkte Berichte von Augen- und Ohrenzeugen vor uns hätten. Für die große Streitfrage über die Echtheit des

---

*) Uhlhorn a. a. O., S. 163 f. 176.

Johannes-Evangeliums (in der ich wesentlich mit den ebenso kurzen und allgemein verständlichen wie gedrängten und wohl durchdachten Ausführungen
in Uhlhorn's bereits angeführten Vorträgen zusammenstimme) wird die
Entscheidung hauptsächlich davon abhängen, ob nach innern Gründen das
in ihm mitgeteilte Selbstzeugnis Jesu auf Johannes zurückgeführt werden
kann, und in dem Selbstzeugnis Jesu überhaupt werden wir wieder einen
Gegenstand erkennen müssen, der durch die bloß verständige historische Kritik
sich noch nicht erledigen läßt. Vom ersten Evangelium werden wir, während
es in der Überlieferung-gleichfalls den Namen eines Apostels empfangen
hat, hier vielmehr soviel voraussetzen dürfen, daß es in seiner gegenwärtigen
Gestalt, und zwar besonders auch in seinen beiden ersten Kapiteln, nicht
von ihm herstammt. Die drei synoptischen Evangelien zusammen mögen
wir zuversichtlich in die Zeiten setzen, wo noch Zeitgenossen und so auch
Augenzeugen der von ihnen berichteten Dinge am Leben waren. Nur Ein
Punkt, der auch gerade nach den Annahmen und Forderungen moderner
Kritik Beachtung erheischt, mag mit Bezug hierauf kurz hervorgehoben
werden: die eschatologischen Reden-Jesu sind ohne Zweifel bei den damaligen Christen unter dem Einfluß der nachfolgenden wirklichen Vorgänge
nicht bloß verschieden gedeutet, sondern auch verschieden gefaßt worden,
wie denn im Lukas-Evangelium (21, 20 ff.) aus der Ankündigung eines
„Greuels der Verwüstung an heiliger Stätte" (Mark. 13, 14; Matth. 24, 15)
die bestimmte Ankündigung der Belagerung und Zertretung Jerusalems
durch die heidnischen Heere geworden ist; ebenso wurde, als jene Zeitgenossen zwar nach diesem Beginn der Erfüllung der Weissagungen Jesu,
aber noch vor ihrem Abschluß, nämlich vor seiner Parusie und dem End-
gerichte weggestorben waren, das Wort, daß „dieses Geschlecht nicht ver-
gehe, bis alles geschehen sein werde" (Mark. 13, 30; Matth. 24, 34;
Luk. 21, 32) zum Worte, daß „dies Geschlecht nicht vergangen sein werde,
ehe die Zerstörung ihren Anfang nehme" (so in Homil. Clem. 3, 15):
die Synoptiker werden also noch zu einer Zeit geschrieben haben, wo jenes
Wort noch nichts Bedenkliches hatte. Aber andererseits bleibt doch der
Zeitraum zwischen den Vorgängen und dem Bericht über sie groß genug,
um mannigfache Wandlungen der Überlieferung möglich erscheinen zu lassen.
Ferner sieht man leicht, daß die Verfasser, welche wir Berichterstatter
nennen, nicht etwa urkundlichen historischen Bericht in unserem gewöhnlichen
Sinne geben, sondern ihren wahrheitsgemäß mitgeteilten Stoff wesentlich
als Gegenstand der Heilsverkündigung ausheben und darstellen wollten,
und gerade demjenigen, der noch am meisten den Charakter des eigentlichen
Historikers trägt, nämlich dem Lukas, standen, wie wir aus seinem Inhalt
und besonders auch einer Vergleichung desselben mit dem des Johannes-

Evangeliums sehen, die Mittel für eine genaue Geschichtschreibung nur in sehr beschränktem Maße zu Gebot.

So werden nun zwar, was die Wunder betrifft, solche konkret, bestimmt und anschaulich uns berichtet. Man kann sie schon um dessen willen, was wir bei Paulus bemerkten, nicht einfach auf Mythenbildung zurückführen. Eine Zurückführung der wunderbar erscheinenden Heilungen auf natürliche, psychische, durch die Nerven vermittelte Einwirkungen ist jedenfalls bei der Heilung von Aussätzigen, zu der ja in Palästina steter, unabweisbarer Anlaß sich aufdrängte, unmöglich. Aber wir müssen gestehen: die Fragen, welche wir bei Paulus vorführten — über mögliche Selbsttäuschung, über eine der ruhigen Beobachtung und Thätigkeit gefährliche innere Erregung auch redlicher Subjekte, über ein Eingreifen auch trügerischen Treibens in die Kreise edleren, höheren Wirkens —, sie wiederholen sich auch für das Gebiet jener Berichte, und dazu kommen nun hier alle die mannigfaltigen Möglichkeiten der Trübung für Berichte, die erst von Mund zu Mund gehen, ehe sie schriftlich fixiert werden. Wir müssen gestehen, das wirkliche Leben bietet uns auch hierfür fort und fort genug Beispiele dar; wir können aus unserem eigenen Zeitalter Sagenbildungen aufweisen, die außerordentlich wenig Zeit erforderten, ja gleich an die wirklichen Vorgänge sich anschlossen, die in unserem kritischen Zeitalter auch bald der öffentlichen Besprechung unterlagen und die doch sogar bei Meistern der Geschichtschreibung sich behaupteten.

In betreff des Auferstehungswunders haben wir bereits auf das große Gewicht des Paulinischen Zeugnisses hingewiesen, das wir jenem einzelnen, zufälligen Anlaß in der Korinthischen Gemeinde zu verdanken haben. Was er dort von der Auferstehung am dritten Tage sagt, nötigt an sich schon und vollends, wenn man die evangelischen Berichte dazu nimmt, zu der Annahme, daß die Jünger jedenfalls sehr bald nach Jesu Tode die Thatsache seiner Auferstehung glaubten und verkündigten, auch wenn man die kecke Behauptung zulassen wollte, die bestimmte Dreizahl der Tage stamme nur aus Hos. 6, 2 her; und jene Annahme muß weiter jeden verständigen, in die realen Verhältnisse sich hineinversetzenden Historiker auf die Frage führen, ob denn die jüdische Obrigkeit darauf hin, falls sie jenem Glauben gegenüber von einer Inspektion des Grabes Jesu einen Erfolg hätte erwarten dürfen, nicht sicherlich sofort das Grab hätte öffnen und untersuchen lassen, ob also nicht wenigstens das für uns feststehen muß, daß das Grab vermöge eines Vorganges, den sie nicht weiter mehr verfolgen konnte oder mochte, leer geworden sei; die Frage wird nur um so dringender, wenn manche moderne Kritiker sie recht geflissentlich leicht nehmen und wenn sogar ein Keim ihr gegenüber nichts Besseres vorzubringen weiß, als daß die Juden wegen ihrer Scheu vor Gräbern nicht einmal „als Polizisten" einen Grabstein hätten abwälzen mögen und daß schon nach wenigen Wochen die Reste eines Toten nicht mehr sicher erkennbar gewesen wären. Aber würde auch die gesicherte Thatsache des leergewordenen Grabes uns schon die nötige Sicherheit für den Glauben an die Auferstehung geben? Man hat jener gegenüber sich mit der Annahme geholfen, daß Jesus im Grab aus bloßem Scheintod erwacht sei; sie zählt heutzutage keine hervorragenden Vertreter mehr unter uns; aber wird sie nicht neu bei Vielen sich erheben, sobald die ihr entgegenstehenden pietätsvollen Rücksichten auf den ganzen Charakter Jesu und seiner Jünger dahinschwinden, und muß unser Urteil über diesen nicht wieder seine stärkste Begründung anderswo suchen? Oder man denkt an ein Verschwinden des Leichnams aus seiner ersten, ohnedies nur provisorischen Ruhestätte ohne Wissen der Apostel durch ein teils zufälliges, teils absichtliches und dann auch mehr oder weniger trügerisches Eingreifen anderer, zu Jesus in Beziehung stehender und doch für uns nur im dunklen Hintergrund bleibender Personen, dergleichen es neben Joseph von Arimathia und Nikodemus noch mehr gegeben haben möge. Uhlhorn fragt demgegenüber mit Recht, ob wir an das zufällige, für uns nicht mehr erklärbare Thun eines mysteriösen Unbekannten die bedeutsamste Wendung in der Geschichte des Menschengeschlechts knüpfen möchten, bringt uns aber eben damit wieder auf die Frage, woher wir das letzte Urteil in diesen Dingen zu entnehmen haben, und verweist dann eben hier auf die mitwirkenden sittlichen Faktoren. — Der Meinung gegenüber, daß der Glaube an den Auferstandenen nur aus subjektiven Visionen der exaltierten, krankhaft erregten ersten Jüngerschaft hervorgegangen sei, beruft man sich namentlich auch darauf, daß die Exaltation so rasch ein Ende genommen, ja einer entgegengesetzten Geistesströmung das Feld geräumt haben sollte (vgl. die Äußerungen von Beyschlag, Christlieb, Schlottmann und zugleich Keim bei Steube, Evangelische Apologetik S. 274 ff.); und Uhlhorn kann dafür wieder den Paulinischen Bericht geltend machen, wo der Apostel die Erscheinungen wie ein abgeschlossenes Ganze zusammenfasse und die ihm zu teil gewordene als die letzte hinstelle. Allein man hüte sich, hierauf zu viel zu bauen; es ließe sich entgegnen, daß sehr enthusiastische, ja ekstatische Neigungen auch nachher noch sich kundgegeben und nur die Formen der Visionen vermöge eines Nachlasses jener Stimmung sich verändert hätten. Auch über die Möglichkeit einer Vision, die über mehrere Hunderte zugleich gekommen sein sollte, ließe sich bei dem Rätselhaften, was derlei psychische Erregungen überhaupt für uns haben, immerhin streiten. — Unbestreitbar ist, daß, wie namentlich Steube a. a. O. hervorhebt, diejenigen evangelischen Berichte, nach welchen die Jünger bei

ben Erscheinungen des Auferstandenen ihm anfangs vielmehr fremd und
zweifelnd gegenüberstanden, ja Jesu Manifestationen gar einen unheimlichen
Charakter für sie trugen, mit der Annahme, daß diese ein Ausbruch ihrer
eigenen enthusiastischen Erregung gewesen sein sollten, sich schlechthin nicht
vertrügen. Aber wenn die andern Gründe dafür nicht ausreichten, daß
man bei Jesus einen Vorgang anzuerkennen habe, der von allen übrigen
geschichtlichen Erfahrungen und allen uns sonst bekannten Lebensbedingungen
abweiche, so dürfte auch ein wahrhaft gewissenhafter Kritiker auf diese Begründung noch entgegnen, daß die erwähnten einzelnen Erzählungen nicht
der ursprünglichen echt apostolischen Überlieferung, sondern schon einer
späteren, vom Richtigen abirrenden, zu Unheimlichem sich hinneigenden
Sagenbildung angehören möchten. — Gewiß, wir haben hier eine Reihe
gewaltiger historischer Indizien; ob aber schon durchschlagende?

Vor allem werden wir in die historische Prüfung eben den Charakter
desjenigen zu ziehen haben, durch welchen und an welchem so Einzigartiges,
Unerhörtes geschehen sein sollte. Und die Hauptfrage ist hier: wie hat er
laut glaubwürdiger Berichte sich selbst mit Bezug auf seinen Beruf und
sein inneres Wesen, auf seine Stellung in der Menschheit und auf sein
Verhältnis zu Gott dargestellt? und hat diese seine Selbstanstellung wirklichen Anspruch auf Glauben und Anerkennung unsererseits?

Hier ist vollends ganz ungenügend, was König als „überwältigende"
Motive, weshalb Jesu Glauben zu schenken sei, vorbringt: daß er überlegenen
Scharfsinn gezeigt —, daß er von allen den Ausdruck ihrer wahren Gesinnung gefordert, ja über die Heuchler vernichtende Weherufe gethan habe,
also gewiß nicht selbst für einen Heuchler gehalten werden dürfe —, daß
er selbst, während er die Anmaßungen der Schriftgelehrten strafte, sich
Autorität auch dem mosaischen Gesetz gegenüber beigelegt, daß er Gott
speziell seinen Vater genannt, daß er ein Genauwissen göttlicher Dinge
sich zugeschrieben, daß er eine Vollmacht zum Sündenerlaß geübt, ja auch
andern erteilt habe. Gewiß, nach zuverlässigen Berichten hat Jesus im
Bewußtsein einer Autorität, wie sie nie ein Prophet sich beilegte, die
heiligen Forderungen des göttlichen Gesetzes ausgelegt. Als der Eine vertraute Sohn Gottes hat er nicht bloß nach dem Johanneischen, sondern
auch nach dem synoptischen Berichte die Geheimnisse des Himmelreiches
und göttlichen Heilswillens geoffenbart. Aber wie können wir über den
Inhalt seiner Offenbarung und so auch über ihren wahrhaft göttlichen
Charakter richtig und endgiltig urteilen, wenn wir nicht auch im eigenen
Herzen und Gewissen von jenen Forderungen uns berühren lassen, nicht
hier auch nach dem eigenen Heilsbedürfnisse fragen? Daß Jesus über
seine eigene Person und sein Verhältnis zum Vater jene Aussagen ge-

than hat, nimmt König mit Recht für geschichtlich sicher an. Und wir dürfen beifügen: es fehlte in Jesu Reden und gesamtem Verhalten auch jede Anerkennung und jedes Gefühl eigener Sünde und Verschuldung, während er seine Mitmenschen bei aller seiner Liebe und Milde doch durch- weg wie Sünder behandelt oder wie Kranke, für die er als Arzt dienen mußte; nur so war ja auch seine von Paulus (1 Kor. 11, 27 ff.) berichtete Aussage möglich, wonach sein Tod zur Sühne für andere dienen, sein Blut den neuen Bund vermitteln sollte. Er stellte ferner vermöge seiner Gottessohnschaft sich nicht bloß als Träger der Reichsoffenbarung und Hauptwerkzeug der Reichsstiftung hin, sondern als Mittelpunkt und Herrn des Reiches und künftigen Richter; so wollte er einst auch in persönlicher Wiederkunft sich offenbaren, wieviel auch von den sinnlichen Zügen seiner Wiederkunftsreden nur bildlich zu verstehen sein mochte. Aber woher kommt uns die Gewißheit, daß diese Aussagen schlechthin wahr sind? Kehren nicht die Einwendungen, welche man gegen die äußeren Wunderthaten und Wundergeschichten erhoben hat, gerade für eine tiefer eindringende Kritik hier mit noch weit größerem Gewichte wieder? Gerade in der für eine recht tiefe und ernste Betrachtung wichtigsten Beziehung soll so Christus in der Menschheit eine für die Menschheit schlechthin unerreichbare Höhe eingenommen haben. Andererseits sollte Gott, dessen absolute Erhabenheit, Überzeitlichkeit u. s. w. gerade für ein richtiges, gereiftes Denken in keiner Weise beeinträchtigt werden darf, sich so sehr zu einer Menschheit und dem einzelnen Glied einer Menschheit herabgelassen haben, in der gerade dieses Denken nur noch einen verschwindend kleinen Punkt des Universums erkennen kann. Wiederum möchte unsere Menschheit durch das Selbst- zeugnis jenes Einen, durch die Krankheit, die ihr jener Arzt vorhält, und die Gnade, die sie bei dem Einen Sohne suchen soll, sich selbst allzusehr herabgesetzt finden. Nicht darum wird sich's dann handeln, ob der Eine, der das Wehe über die Heuchler rief, selbst geradezu ein Heuchler gewesen sei. Wohl aber darum, ob er nicht in unerhörter Weise sich selbst über- hoben, ob er nicht als krankhafter Schwärmer eine solche Selbstüberhebung mit einem ursprünglich edeln Streben und schönen Geistesgaben vereinigt habe, wie wir wenigstens ähnliche Gegensätze auch bei anderen Menschen in fast unbegreiflicher Weise vereinigt finden. Strauß hat vor allen anderen negativen Kritikern das Verdienst, seine Meinung darüber recht offen und gerade in seinem fürs deutsche Volk bearbeiteten Leben Jesu (S. 236) vorgetragen zu haben: habe Jesus jene Wiederkunft von sich vorhergesagt, so sei er für uns ein Schwärmer, wie er, wenn er gar auch vollends Präexistenz (nach Johannes' Bericht) sich beigelegt hätte, geradezu ein Verrückter wäre; das müsse man anerkennen, wenn's auch unseren christlichen Gewöhnungen noch so sauer ankäme. Und in die gleiche Kategorie müßten wir ohne Zweifel auch die übrigen Aussagen stellen, die wir mit jenen vorhin zusammengestellt haben. Sollen nun vollends bei dieser ernstesten Frage die bloßen Verstandsoperationen entscheiden und das Urteil nicht vielmehr schließlich von sittlich religiösen Faktoren abhängen? Und zwar wird das sittliche Bewußtsein, Herz und Gewissen hier eingreifen nicht bloß sofern es uns befähigen muß, den sittlichen Charakter anderer richtig zu würdigen, sondern sofern wir hier auf's stärkste auch in uns selbst hineingewiesen werden, in die unmittelbaren Eindrücke, die wir da von diesem wunderbaren Herrn und Heiland und der in ihm geoffenbarten göttlichen Wahrheit, Heiligkeit und Liebe empfangen, und in die eigene Erfahrung der Krankheit, für die wir des Arztes bedürfen, und der Heilung, die er bringt.

Alle jene Argumentationen mögen immerhin da genügend erscheinen, wo mit ihnen doch schon unbewußt die innere Erfahrung oder auch die Macht der Gewohnheit oder das Gewicht einer äußeren Autorität zusammenwirkt, und wo andererseits das Interesse und der Trieb einer negirenden Verstandeskritik noch nicht stark entwickelt ist. Andernfalls können sie nicht einmal zu einem entschiedenen assensus im Sinne eines bloßen Fürwahrhaltens führen. Auf keinen Fall können sie den Heilsglauben oder den Glauben an jene wunderbaren Thatsachen als Heilsthatsachen erzeugen. Der ist, wie Uhlhorn speziell vom Glauben an Christi Auferstehung sagt, „nur da, wo jemand die Wirkung des lebendigen Christus an seinem eigenen Herzen erlebt."

Hiernach bedarf es keiner eingehenderen Untersuchung mehr darüber, ob, wenn durch jene Argumentationen die historische Glaubwürdigkeit der neutestamentlichen Aussagen und Berichte festgestellt wäre, dann durch gleichartige Beweisführung weiter festgestellt werden könnte und müßte, daß denselben Aussagen zufolge die neutestamentlichen Schriftsteller nicht bloß überhaupt glaubwürdig geschrieben haben, sondern bei ihrem Schreiben inspiriert und hierdurch infallibel gewesen seien, demnach also unser auf die Schrift sich stützender und aus ihr schöpfender Glaube absoluter Sicherheit sich erfreue. Die Einwendungen hiegegen liegen nahe, während leider der neue Verfechter der strengsten Inspirationstheorie, W. Kölling, sie bei seiner eifrigen Ablehnung derselben doch nirgends scharf genug ins Auge gefaßt hat. Denn wo verkündigen uns denn jene apostolischen Männer die von jener Inspirationslehre angenommene, ganz besondere Einwirkung des Geistes auf ihr Schreiben im Unterschied von derjenigen Einwirkung des Geistes, deren sie auch sonst bei ihrem Reden und Denken genießen durften, ohne daß man doch darunter schon Verbalinspiration mit allge

4*

meiner Infallibilität zu verstehen hätte, und in spezifischem Unterschied auch von einem Wirken des Geistes in andern Schriften, wie das Christus seinen Jüngern insgemein verheißen hat? Leiten denn ferner auch die gewaltigsten Träger göttlichen Geistes im N. Test. alle ihre Aussagen selber so schlechthin und gleichmäßig von Gott und seinem Geiste her? und haben wir nicht im N. Test. so manche Schriften vor uns, deren Verfasser davon überhaupt gar nichts sagen? Man höre darüber den gewiß streng bibelgläubigen, in seinem Bibelglauben aber auch selbständigen und streng gewissenhaften W. F. Geß (Die Inspiration der Helden der Bibel u. s. w. 1892). Daß man endlich auch beim Festhalten an einem strengen Inspirationsbegriff doch zwischen dem Wesentlichen im Schriftenthalt, für welches dieser Begriff gelte, und zwischen Unwesentlichem zu unterscheiden habe, ja daß man hierbei im Hinblick auf eine fernere Entwickelung des kirchlichen Glaubens und Lebens „die Grenzlinie zwischen dem Göttlich-Gewissen und Menschlich-Unsichern auf sich beruhen lassen möge", hat zu gleicher Zeit A. W. Dieckhoff, der doch wohl auch von Kölling anerkannte Theolog, in seiner Schrift „Über die Inspiration und Irrtumslosigkeit der heiligen Schrift" ausgesprochen*). Und für die Beantwortung derjenigen Fragen, die sich so bei der weiteren Würdigung des einmal für glaubhaft angenommenen biblischen Offenbarungswortes erheben, für die näheren Bestimmungen, die hier jedenfalls noch erfordert, für die Unterschiede, auf die wir hingeführt werden, würden sich gewiß die bloßen Verstandesoperationen wieder durchaus unzureichend erweisen. Muß aber jener andere Faktor schon bei den vorangegangenen Hauptfragen entscheidend eintreten, dann wird er auch für die Würdigung des geschriebenen Wortes schon von vornherein beizuziehen sein. So geschieht es ja auch durchweg bei Luther und unsern alten Dogmatikern, die freilich dabei, wie wir sahen, viel zu wenig zwischen der innern Bezeugung des Offenbarungsinhaltes und dem Zeugnis für jene Schriften unterschieden. Und so wird es, was Neuere betrifft, ganz besonders auch dem Sinn eines Geß entsprechen.

---

*) Zu den genannten Schriften vgl. die schon oben angeführte Besprechung derselben durch Haering. Auch Gloatz, „Neue Jahrb. f. deutsche Theol." I., S. 155 ff., nähert sich durchaus nicht wieder jenem Standpunkte Köllings.

Die innere Erfahrung als Grund der sittlich-religiösen Überzeugung.

Zu derjenigen inneren Gewißheit von der sittlich-religiösen Wahrheit also, deren wir im Christentum uns erfreuen dürfen und auf der unser ganzes christliches Verhalten, Streben und Wirken ruhen soll, können alle jene Vermittlungen und Folgerungen des Denkens uns nicht bringen, mögen sie nun von Begriffen auszugehen versuchen oder von der unserer Betrachtung sich darbietenden Welt und Menschheit und von äußerlich bezeugten besonderen Geschichtsvorgängen in dieser. Wir müssen zurückkommen auf dasjenige, was wir in den Anfängen unserer evangelischen Glaubens- und Lehrentwicklung namentlich einen Luther aussprechen hörten. Verschiedene Ausdrücke, welche in den neueren auf unseren Gegenstand bezüglichen Verhandlungen gebraucht worden sind, bieten sich uns hier dar: es wird sich handeln um ein unmittelbares Berührtsein und Ergriffensein unseres Innern durch das Göttliche, das in thatsächlicher, geschichtlicher Offenbarung uns vorgeführt wird, um ein Vernehmen desselben, um ein unmittelbares Innewerden der hier empfangenen Eindrücke und des Göttlichen, das eben in ihnen wirkt, um ein Fühlen, das aber von den gewöhnlichen Lust- und Unlustgefühlen sich schlechthin unterscheidet, um ein Erfahren, welches mit den gewöhnlichen sinnlichen Erfahrungen jenen Charakter der Unmittelbarkeit gemein hat, selbst aber ein schlechthin übersinnlicher Vorgang ist, ja um ein ganzes Erleben im Mittelpunkte des eigenen inneren Geisteslebens. Wir können kurz sagen, es handle sich hier im Gegensatz zu dem, was wir bisher besprochen, wesentlich eben um etwas Unmittelbares. Positiv aber läßt sich dieses wegen seiner Eigenartigkeit nie genügend durch Zusammenstellung mit anderem definieren, verdeutlichen, erklären; es muß, um recht verstanden zu werden, eben selbst erlebt sein. Ganz aber ist solche Erfahrung gewiß keinem versagt.

1. Der Ursprung der Religion überhaupt.

Nur aus inneren Regungen solcher Art können wir schon den Ursprung der vorchristlichen, nicht auf der biblischen Offenbarung ruhenden Religionen herleiten und den allgemeinen und festen Bestand religiösen Vorstellens und Lebens in der gesamten Menschheit erklären. Wenn wir hierauf bei unserer Frage nach der Begründung der christlichen Glaubensgewißheit uns zurück= beziehen, so könnte dagegen vielleicht eingewandt werden: das eben habe diese vor jenen andern Religionen voraus, daß die andern nur aus dunkeln Gefühlen und Trieben hervorgehen und in ihnen sich bewegen, sie hingegen ein lichtes, durchs Licht der biblischen Offenbarung erzeugtes, auch von der eigenen Intelligenz durchdrungenes Wissen und Erkennen sei. Aber jene Unmittelbarkeit wird sich, so guten Grund eine solche Unterscheidung zwischen der christlichen Religion und allen andern hat, doch als aller Religion ge= meinsam erweisen. Was wir beim Werden des christlichen Glaubens beob= achten können und müssen, wird sich, so eigenartig es ist, doch richtig an das anschließen, was wir bezüglich des Ursprungs jener Religionen anzu= nehmen und festzustellen haben. In jener Unmittelbarkeit haben wir zugleich das, was man das Mystische in der Religion, und zwar wieder in jeder Religion, nennen mag; es kommt bei jeder, wie K. J. Nitzsch von der Mystik sagt,*) auf ein unmittelbares Bewußtsein an, welches etwas Tieferes oder Höheres als das diskursive Denken ist. Auch das Neue Testament weist uns bei allem Unterschied und Gegensatz der christlichen und der heidnischen Religion doch in den bedeutsamsten Worten auf das Gemein= same hin; es läßt uns diejenige innere und unmittelbare Beziehung, in welche Gott durch Christus sich zu uns setzt, doch zugleich zusammenstellen mit der allgemeinen Beziehung Gottes zu den Menschen, die alle in ihm leben und sind und vermöge dessen auch ihn als ihren Gott suchen und annehmen sollten (Apg. 17, 28, vgl. Theol. Stud. u. Krit. a. a. O., S. 40 f.).

Eine eingehendere und umfassendere Ausführung über den Ursprung der Religion überhaupt und über die Faktoren ihrer Entstehung auch schon auf den niedersten Stufen habe ich in den Theologischen Studien und Kritiken 1890 (S. 213—294) gegeben. Indem ich darauf verweisen darf, wird es hier genügen, nur kurz die Hauptmomente, die hier für uns in Betracht kommen, zusammenzufassen.

---

*) Vgl. Theol. Stud. u. Krit. 1888, S. 84 (in meiner Abhandlung über „Religion nach dem N. Test. mit besonderer Beziehung auf das Ver= hältnis des Sittlichen und Religiösen und auf das Mystische in der Religion").

Schon von den ältesten Zeiten her, in die unsere geschichtliche Betrachtung zurückzugehen vermag, und schon auf denjenigen Stufen der Menschheit, die wir als die niedrigsten zu bezeichnen pflegen, erscheint uns das religiöse Leben, Dichten und Trachten in der That wie das Erzeugnis einer geheimnisvollen, dunkeln, hinter und über den sinnlichen Dingen stehenden Macht, welche über der Menschen Inneres gekommen ist, ohne daß sie selbst darüber sich Rechenschaft zu geben vermögen oder auch nur versuchen, zu der sie sich erheben möchten, um ihre Huld und durch sie Schutz und Hilfe für ihren Lebensbestand in dieser Welt zu gewinnen, die aber noch vielmehr selbst sie in ihrem Banne hält, sie unter ihre Forderungen beugt, den ihr sich Entziehenden unabwendbare Rache droht. Ein erstes Werden der Vorstellungen vom Göttlichen bietet sich jener historischen Betrachtung nirgends dar. Sie sind überall schon mehr oder minder ausgeprägt vorhanden; sie gehen über auf die in die Volksgemeinschaften neu hereingeborenen Glieder, indem sie, diesen vors Bewußtsein gestellt, dieselben unwillkürlich mit in jenen Bann ziehen; sie gestalten sich nur weiter im Verlauf der Geschichte, unter dem Eindrucke dessen, was man eben von jenen Mächten her zu erleben meint, wohl auch durch den besonderen Einfluß solcher Personen, welche von derselben besonders kräftig und eigentümlich ergriffen waren. Jene Macht repräsentiert sich der unmittelbaren Anschauung in solchen weltlichen Dingen und Vorgängen, die auch schon für die sinnliche Wahrnehmung etwas besonders Großes, Umfassendes, Wirksames und zugleich Geheimnisvolles haben; dabei wird sie selbst zu einer Vielheit von Mächten. Immer aber erkennt man den höheren Mächten größere und auch noch ganz anders geartete Kräfte und Leistungen zu, als man bei jenen Dingen, hinter denen man sie sucht, je sinnlich wahrnehmen kann. Immer ferner sieht man in ihnen wollende, fordernde Mächte, die ihre unabweisbaren Ansprüche an die Menschen erheben, mag ihnen nun dabei eine mehr freundliche oder mehr feindlich harte Gesinnung gegen diese beigelegt werden. Soweit dann sittliche Vorstellungen im Bewußtsein sich erheben und sittliche Forderungen mit dem Anspruch auf unbedingte Geltung sich aufdrängen, treten diese als Forderungen auf, welche eben jene Mächte stellen und über denen sie wachen; wir werden indessen von den sittlichen Vorstellungen für sich erst nachher noch eigens zu reden haben.

Das Gefühl eines Bedürfnisses höherer Hilfe und der dringende Wunsch, solche für sich zu gewinnen und zu besitzen, treibt nicht bloß zur Verehrung solcher Mächte, sondern trägt auch sehr zur Entfaltung der Vorstellungen von ihnen und zur Erhaltung des Glaubens an sie bei. Unglücksschläge und Hemmungen des Lebens und Wirkens werden als Drohungen und Strafen derselben für Versäumnisse in jener Verehrung empfunden. Daß jedoch das bloße Bedürfnis und der bloße Wunsch den festen Glauben an die Realität des Gewünschten hervorgebracht haben sollte, ist zwar von Neueren sehr zuversichtlich wieder und wieder behauptet, aber niemals ordentlich begründet, auf wirkliche Analogien gestützt oder gegen die naheliegenden Einwendungen verteidigt worden. Undenkbar ist vollends, daß ein nicht tiefer begründeter Glaube an solche Mächte stark genug sein sollte, die der Hilfe Bedürftigen fort und fort zu den schmerzlichsten Opfern an dem, was sie wirklich besitzen, an ihrem eigenen und der Ihrigen Gut, Leib und Leben zu veranlassen. Überdies könnte man fragen, warum nicht andererseits der Wunsch, so drohende, herrische Mächte los zu werden, vielfache Erfahrung, daß es mit ihrer Hilfe doch nichts sei, und die Zunahme der eigenen menschlichen Kraft und Kunst ganze Geschlechter vielmehr zu der Annahme führe, daß jene keine Wirklichkeit haben.*)

Zugleich mit diesem praktischen Interesse, das wir in seinem relativen Gewicht anerkennen, wirkt in der Entstehung und Gestaltung des religiösen Vorstellens und Glaubens ein intellektueller Trieb, dessen Bedeutung da, wo man dieses Interesse ungebührlich zum Quell der Religion selbst macht, ebenso ungebührlich verkannt zu werden pflegt. Und es wirkt eben hiermit zugleich das dem menschlichen Geist inwohnende und gerade auch schon vom Beginn seiner Entwicklung an sich regende Bedürfnis einer einheitlichen Betrachtung und Behandlung aller dem Bewußtsein sich darbietenden Dinge. Es ist der Trieb, der überall, auch ohne ein besonderes praktisches Interesse, nach dem Woher, ja nach letzten Ursachen der Dinge fragt. So werden

---

*) Vgl. meine weiteren Ausführungen gegen jene Neueren in den Theol. Stud. u. Krit. a. a. O. (1890) S. 244 ff., dazu auch die S. 249 angeführte Äußerung Holstens gegen dieselben. Mit Bezug auf Lipsius aber, den ich dort mit denselben zusammenstellte, freue ich mich, hier eine Berichtigung nachtragen zu dürfen. Er selbst nämlich schrieb mir sofort am 2. Januar 1890: die Differenz zwischen seiner wirklichen Auffassung und derjenigen, welche ich ihm dort entgegenstellte, werde „sich leicht heben lassen" und die Zusammenstellung mit den andern dort, S. 246, genannten Theologen glaube er ablehnen zu dürfen. Denn es sei zwar seine Meinung, daß die empirischen Motive der Religion dem Streben nach Selbstbehauptung des persönlichen Subjekts entlehnt seien; aber „in diesem Empirischen beurkunde sich ein Transzendentales, das höhere überweltliche Wesen der Persönlichkeit, welches nur in der Erhebung über die Welt zur Gemeinschaft mit der überweltlichen Persönlichkeit Gottes wahrhaft zur Ruhe komme". In diesem Sinne habe namentlich seine (damals soeben erschienene) kleine Schrift „Die Hauptpunkte der christl. Glaubenslehre u. s. w." sich ausgesprochen. — In der That war Lipsius mehr mit F. Nitzsch zusammenzustellen nach dem, was ich über dessen Auffassung a. a. O. S. 257 f. aussage. — Vgl. jetzt in der (soeben erschienenen) dritten Auflage von Lipsius' Dogmatik § 20 ff. zusammen mit § 34 ff., § 125 f.

jene Mächte sofort auch schon als schöpferische betrachtet; so reden ganz niedrig stehende Religionen doch schon in ihrer Weise von einer Schöpfung der Welt. Aber auch dies ist nicht so zu verstehen, als ob wir hier den eigentlichen Quell des religiösen Glaubens und Lebens zu suchen hätten, und vollends kann davon nicht die Rede sein, daß dieses hiernach auf Denkfolgerungen, auf logischen Schlüssen aus dem Gewordenen und Gewirkten auf die wirkenden Ursachen, ruhen sollte. Das Spiel der Vorstellungen und Gedanken, das dort sich uns darbietet, ist viel zu schwach, als daß jenes religiöse Verhalten zu den Göttern mit seinen tiefen und gewaltigen Erregungen, mit seinem Fürchten und Hoffen, mit seinem so viele Selbstpein in sich schließenden Ringen um die Huld jener Mächte ganz darauf ruhen, oder auch nur seine Hauptstütze darin haben könnte. Und überdies ist das, was uns dort vorliegt, gerade kein System verständiger Reflexion und Deduktion, etwa nach Art unseres kosmologischen und teleologischen Beweises, sondern vielmehr selbst wieder etwas „Unmittelbares"; es sind Erzeugnisse eines unwillkürlichen intellektuellen Triebes und einer unwillkürlich thätigen sinnlichen Phantasie.

Die Vorgänge, bei denen wir stehen, bleiben für uns in ihrem letzten Grunde geheimnisvoll, indem sie eben von einer verständigen Betrachtung sich nicht weiter auseinanderlegen lassen. Wer bei sich selbst von christlich religiösen und überhaupt religiösen Lebensregungen nichts weiß, der mag sie zu den niedrigen, für die Beobachtung dunkeln und vor allem in sich selbst noch unklaren Seelenzuständen rechnen, über welche die Menschheit bei gereifter, geklärter Intelligenz und erstarktem Willen und Selbstgefühl sich erheben müsse. Als Christen aber müssen wir immer wieder auf jenes apostolische Wort Apg. 17, 28 zurückblicken. Wir erkennen hier eine Beziehung, in welche Gott selbst zu den nach seinem Bild geschaffenen Menschen sich ursprünglich gesetzt hat und fort und fort setzt, in welcher ihm alle jene verschiedenen Momente, seine eigenen Kundgebungen in der Natur und Geschichte, die Darbietungen geistigen Inhalts von seiten der einen Menschen an die andern, die praktischen Interessen und intellektuellen Triebe aller, zum Mittel werden, das Innere der Subjekte anzuregen, den Zug zu ihm zu erwecken und die zu jenem Wesen des Menschen gehörigen Funktionen, wie man zu sagen pflegt, auszulösen, in welcher er aber durch alle diese Vermittlungen hindurch eben selbst unmittelbar das Innerste der Persönlichkeit treffen will und trifft. Der Frage, warum daraus in der Menschheit ohne die Heilsoffenbarung Gottes in Christo doch noch keine wahre Gottesgemeinschaft und Gotteserkenntnis hervorgehen konnte, haben wir hier nicht weiter zu verfolgen. Aber eben von dieser Offenbarung aus wird nun auch jene allgemeine religiöse Beziehung zu Gott mit ihrem

Grund, Wesen und Zweck für uns verständlich. Und wiederum wird die
Art, wie wir als Christen zum rechten, festen Glauben gelangen, für uns
um so mehr Licht gewinnen, wenn wir mit ihr auch schon jene Faktoren und
Bedingungen des religiösen Lebens überhaupt zusammenstellen können.

2. Das unmittelbare Innewerden im allgemeinen sittlichen Bewußtsein.

Man könnte vielleicht geneigt sein, jeder Zusammenstellung des auch
schon im Heidentum stattfindenden religiösen Prozesses mit dem Wesen und
Werden der festen christlich-religiösen Überzeugung, nach deren Begründung
wir fragen, doch Wert und Bedeutung um deswillen ganz abzusprechen,
weil wir ja den bestimmten Vorstellungen und Meinungen in betreff der
Götter, die dort sich gestalten, gerade noch keinerlei wahre Festigkeit und
Sicherheit zuerkennen können. Wir haben darauf zu erwidern, daß höchst
bedeutsam eben diejenige Festigkeit ist, mit der unter allen den Wandlungen
jener Vorstellungen und allen Erfahrungen, welche man von ihrer Eitelkeit
und Nichtigkeit macht, dennoch der Drang zu dem unfaßbaren Göttlichen
hin und die Macht, welche dieses über die Geister und Gemüter übt,
fort und fort sich behauptet.

Weiter aber haben wir nun gerade mit Bezug auf die besondere
Festigkeit und auch Bestimmtheit, mit der sie sich geltend machen und behaupten, die ethischen Vorstellungen beizuziehen, die schon im Heidentum
mit den Göttervorstellungen sich verbinden, nämlich die Forderungen und
gesetzlichen Ordnungen fürs Handeln und Wollen der Menschen in ihrem
Verhalten zu einander und zur Natur, welche dort als Wille der unbedingt
gebietenden und dabei allgewaltigen Götter zur Geltung kommen. Hier
begegnen uns ja auch schon konkrete Forderungen, die nun zum Inhalt
unserer festen christlichen Überzeugung, konkrete Ordnungen, die zum wirklichen, gottgewollten Bestand unseres christlich sittlichen Lebens gehören, so
sehr wir auch das rechte tiefe und umfassende Verständnis für ihren Sinn
und Gehalt dort noch vermissen. Vor allem an diejenige Seite unseres
sittlich religiösen Lebens und Geistes, welche wir speziell als die sittliche zu
bezeichnen pflegen, wendet sich dann auch, wie wir unten weiter zu beachten
haben werden, die christliche Heilsoffenbarung, die mit festem Glauben von
uns aufgenommen werden und selbst diesen Glauben in uns erzeugen will.
In betreff jenes sittlichen Gebietes endlich hören wir ja oft auch da noch
von festen Überzeugungen und unbedingt giltigen Ideen reden, wo der
positiv christliche Glaube, ja gar der Glaube an einen Gott überhaupt ab-
gewiesen wird, müssen das zwar tief beklagen, dürfen und sollen aber doch
Menschen, die wir ehrlich so reden hören, gerade von hier aus zu jener

Offenbarung und jenem Glauben hinzuführen suchen. Und wie kommen nun hier wieder die Vorstellungen und Überzeugungen zu ihrem Dasein und Bestand? Nirgends mehr als hier dürfen wir dafür, daß es um ein „Unmittelbares" im oben bezeichneten Sinne sich handle, noch in weiten Kreisen und zwar namentlich auch inmitten solcher, welche den vorhin bezeichneten unchristlichen Standpunkt teilen, eine bereitwillige Zustimmung voraussetzen; ja wir dürfen die Vorstellung, wonach in der „Stimme des Gewissens" ein unmittelbares Bewußtsein des sittlich Guten, und des Sollens stattfand, noch als die gewöhnliche Vorstellung derjenigen bezeichnen, welche für das Sittliche ein kräftiges persönliches Interesse haben und ernstlich darüber nachdenken. Und dennoch hat unter solchen gerade in der Gegenwart auch die Behauptung sich erhoben, daß ein noch strengeres Denken und Beobachten auf andersartige Ursprünge der sittlichen Ideen führe. Auch eine andere Auffassung von Grund und Ursprung der spezifisch christlichen Überzeugungen müßte daran sich schließen. So haben wir zunächst das sittliche Bewußtsein für sich mit Bezug hierauf näher zu betrachten.*)

Dabei fassen wir das sittlich Gute wesentlich als Gegenstand einer an unsern Willen sich richtenden unbedingten Forderung auf. Das ist ja eben das Charakteristische desselben im Unterschied von einem natürlichen Guten und von einem bloß relativ Guten oder Nützlichen, daß es als solche Forderung uns gegenübertritt. In welcher Weise also geschieht dies? Wie werden wir der Forderung inne und zwar ihrer als einer, die unbedingt für uns gelten soll? — Für die allgemeine Frage nach dem letzten Grunde der sittlichen Überzeugungen würde indessen das Ergebnis auch kein anderes wenn man von der Idee des sittlichen Gutes und der verschiedenen Güter ausgehen wollte. Es handelt sich dann um den höheren oder niedrigeren Wert verschiedener Güter, um die Idee eines Gutes, das als ein unbedingt wertvolles unter allen Umständen zu erstreben ist. Wie stellen sich nun für uns diese verschiedenen Werte und das in einziger Weise Wertvolle fest? Man könnte sagen, Wert habe für uns, was uns wahre Lebensförderung und Wohlsein bringe, und könnte fortfahren, dieses Wohlseins werden wir inne im Lustgefühle, wobei man selbstverständlich nicht bloß an sinnliche Lust zu denken hätte. So käme man denn auch mit der Frage nach den Werten wieder auf ein Unmittelbares, nämlich auf die Erfahrung, die wir von dem Wohlsein- und Lustbringenden im Gefühle machen. Dabei würde sich aber die Schwierigkeit erheben, daß wir ja schon zum Behuf der Richtung unseres Wollens auf das Gut seinen Wert sicher

---

*) Vgl. was ich hierüber nur kurz in den Theol. Stud. u. Krit. 1890, S. 273 f. und auch schon in ebenderselben Zeitschrift 1879 S. 609 ff. bemerkt habe.

kennen müßten und von diesem Werte doch erst im wirklichen Genuß des Gutes Gewißheit bekommen könnten. Oder man könnte statt dessen versuchen, zuerst denkend festzustellen, welche Momente und Seiten zu unserem eigenen Wesen gehören und was wir hier vernünftigerweise für das Niedrigere und für das Höhere und Bleibende und eigentlich Wesentliche anzusehen haben; daraus möchte man weiter schließen, was vermöge dieses unseres Wesens das eigentlich Bestimmungsgemäße, Heilbringende, Gute für uns sei. Aber wie geht denn unserem Denken das rechte Licht über dieses unser eigenes Innere auf? Nur allzuviele Neuere, welche über ethische Prinzipien reden und schreiben, und besonders solche unter ihnen, welche von der Idee des Guten oder Wertvollen ausgehen wollen, setzen, während sie eines strengen kritischen Denkens sich befleißigen möchten, doch das hier Nachzuweisende und zu Begründende vielmehr wie etwas Selbstverständliches voraus: so vor allem das, daß die sogenannte höhere, geistige Seite des menschlichen Wesens und Lebens im Unterschied vom Sinnlichen, Leiblichen, Fleischlichen wirklich das Höhere, wahrhaft Wertvolle sei und die hierin erreichte Lebensförderung und Befriedigung erst wahrhafte Lust bringe; ebenso wohl auch das, daß alle intellektuelle und ästhetische Geistesbildung und Herrschaft über die Natur einer rechten Bildung und Beschaffenheit des Willens an Wert nachstehen müsse. Sie scheinen bei der ersten Voraussetzung nur sich und ihresgleichen im Auge zu haben, nämlich Leute, die vermöge einer glücklichen natürlichen Veranlagung und insbesondere vermöge günstiger äußerer Verhältnisse im stande sind, ohne allzuviele Anstrengungen und Opfer den sogenannten höheren Aufgaben und Genüssen nachzustreben. Was würden sie aber für Beweise bringen, wenn Gegner, die freilich in wissenschaftlichen Ausführungen nicht zum Worte zu kommen pflegen, ihnen höhnisch oder gar entrüstet erwidern würden, daß sie selbst eben nicht in so glücklicher Lage seien und man ihnen jedenfalls gestatten müsse, ihre Befriedigung vielmehr in denjenigen Dingen zu erstreben, die nun einmal für die menschliche Existenz die notwendigsten seien, anstatt nach Gütern zu hungern und zu ringen, die doch nur einer kleinen geistigen Aristokratie vorbehalten blieben? Auch sogar unter jenen geistig Gebildeten übrigens sind ja bekanntlich immer viele, die mit jener Höherstellung des Geistigen in ihrem wirklichen Dichten und Trachten keineswegs Ernst machen. Was weiter jene andere Voraussetzung betrifft, so meinen bekanntlich auch geistig Hochbegabte und reich gebildete Menschen mitunter eben im Bewußtsein dieser ihrer Höhe um die Zucht ihres Willens und Läuterung ihrer Gesinnung sich nicht so viel kümmern zu müssen und verweigern mindestens in ihrem praktischen Verhalten und Urteil über sich selbst jenem Wertunterschied ihre Anerkennung. Will man dennoch diejenige sittliche Überzeugung,

die uns Christen feststeht, begründen und erwecken, so wird man nicht bloß
an ein unmittelbares Vernehmen überhaupt oder an allgemeines Gefühl
von Werten zu appellieren haben, sondern immer an jenes unmittelbare
Bewußtsein des Sollens oder jener unbedingten an den Willen sich richtenden Forderungen. Das wahrhaft Wertvolle bezeugt sich in einzigartiger
Weise darin, daß mit seinem Vorhalt der Eindruck sich verbindet, es solle
danach gestrebt werden mit Hintansetzung von allem anderen Lustverheißen-
den und ein dem widersprechendes Verhalten brächte nicht bloß einen gewissen Schaden, sondern schwere Verschuldung. Das eigene Wohlsein,
welches die Frucht des rechten Strebens sein müsse, wird bei jenem Vorhalt nur erst in einem Vorgefühl empfunden werden, das ohne jenen besonderen Eindruck gegenüber der Anziehungskraft, welche andere, viel leichter
erreichbare Genüsse üben, nicht ausreichen würde; wahrhaft erfahren kann
man es erst, wenn man der Forderung, die man vernommen hat, treu
gefolgt ist.

Daß nun die sittlichen Forderungen im menschlichen Innern und zwar
schon im Innern von Heiden auf diejenige Weise sich geltend machen, die wir
mit dem unmittelbaren Vernehmen meinen, ist sicherlich auch die Auffassung
des großen Heidenapostels, dessen Ausspruch über das Sein und Leben der
Menschen in Gott wir oben anführten. Wenn derselbe Röm. 2, 14 ff.
von Heiden redet, die das zum Gesetz Gehörige von Natur thun und denen
hiernach das Werk des Gesetzes ins Herz geschrieben sein müsse, und von
einem sittlichen Bewußtsein oder Gewissen, das in ihnen von diesem Gesetz
zeuge, so denkt er dabei ohne Zweifel an einen ihnen schon ursprünglich
inwohnenden, zunächst unwillkürlich sich regenden Trieb und an ein unmittelbares nicht erst durch irgendwelche Folgerungen oder Berechnungen
entstandenes Bewußtsein von dem, was er fordert. Und es wäre für eine
christliche Wissenschaft schlimm, wenn sie der Auffassung dieses Apostels
kein sonderliches Gewicht beilegen wollte, als ob wir es hier mehr mit rein
gelehrten Untersuchungen und Analysen, als mit lebendigen und ins Leben
eindringenden ethischen Beobachtungen und Urteilen zu thun hätten. Ja
an ein Gesetz, das im menschlichen Innern sich selbst bezeugt, müssen auch
schon diejenigen — doch wohl mit Recht wegen ihrer sittlichen Intelligenz
hochgeschätzten alten Heiden gedacht haben, welche, wie ein Sokrates,
von ungeschriebenen Gesetzen reden, die allerorten gleich gelten und daher
den Menschen von den Göttern gegeben sein müssen (vgl. Xenophons
Memorabil. IV, 4) oder, wie Sophokles durch den Mund seiner
Antigone (Vers 453 ff.) von der Götter ungeschriebenem, ewigen, nicht nur
heut und gestern, sondern immerdar lebenden Gesetze, um deſſen willen ein
Sterblicher ein nur von einem menschlichen Herrscher und nicht von Zeus

oder Dike erlaſſenes Gebot auch mit Gefahr des eigenen Lebens hint-
anſetzen müßte.

Unter denjenigen philoſophiſchen Denkern der neueren Zeit, welche die
ethiſchen Prinzipien im allgemeinen, alſo abgeſehen von der beſonderen
chriſtlichen Offenbarung, und ihre Begründung im Weſen des Menſchen
zum Gegenſtand eindringender Unterſuchung gemacht haben, wird eine der
erſten Stellen immer Kant mit ſeinem kategoriſchen Imperativ einnehmen:
ſo ganz beſonders um des Nachdrucks willen, welchen er auf das Unbedingte
der ſittlichen Forderungen oder eben auf das kategoriſche des Imperativs
im Unterſchied von allen bloß hypothetiſchen Imperativen und auf die ihm
zukommende unmittelbare Gewißheit gelegt hat. Wir können freilich bei
ihm nicht die richtige Erklärung davon finden, wie im wirklichen Leben der
Subjekte ihnen das Bewußtſein für die beſtimmten höchſten Forderungen
aufgeht. Denn dieſe zu erkennen, erſcheint bei ihm als Sache des Ver-
ſtandes, der fragt und berechnet, welche Willensmaxime jedesmal geeignet
wäre, zugleich als Prinzip einer allgemeinen Geſetzgebung zu gelten. Wenn
er nur auf dieſe Weiſe, nämlich noch abſehend von aller Erfahrung und
allem erſt in der Erfahrung ſich darbietendem Inhalt, einen ſchlechthin
für alle Vernunftweſen giltigen kategoriſchen Imperativ behaupten zu können
meint, ſo müſſen wir dagegen fragen, ob denn das thatſächliche ſittliche
Bewußtſein der beſtimmten ſittlichen Grundforderungen bei den Menſchen
insgemein und gerade auch bei ſittlich tief angeregten Subjekten wirklich
weſentlich auf dieſe Weiſe erwacht und erwachen kann, und ob dasſelbe
nicht vielmehr gerade unter der lebendigen Beziehung zu der erfahrungsmäßig uns umgebenden Menſchheit und Welt wachgerufen wird, während
dies in einer allgemeinen zu unſerem Weſen gehörigen Anlage und Beziehung zu den Mitmenſchen und zu Gott oder in etwas ſchon „Angeborenem" begründet ſein muß (auf allgemeine Auseinanderſetzungen über den
richtigen Begriff von Aprioriſchem und Angeborenem müſſen wir hier verzichten, vgl. dazu Rud. Euden, Geſchichte und Kritik der Grundbegriffe
der Gegenwart S. 69 ff.). Für die Frage aber, wie denn nun nach Kant
ſelbſt jener Hauptſatz, daß ſchlechthin nur nach ſolcherlei Maximen zu
handeln und hiernach jedes ſittliche Verhalten zu beurteilen ſei, für die
Subjekte in ihrem wirklichen Leben und Bewußtſein feſtgeſtellt werden könne,
finden wir uns auch bei ihm auf etwas unmittelbar Gewiſſes verwieſen:
es iſt „ein moraliſcher Grundſatz, der keines Beweiſes bedarf". Das
moraliſche Gefühl, welches auf die Vorſtellung des Geſetzes folgt, und das
Gewiſſen, welches vermöge des Geſetzes losſpricht oder verurteilt, ſind ihm
„natürliche Gemütsanlagen, durch Begriffe affiziert zu werden"; ſie werde
rege vermöge der Wirkung eines moraliſchen Geſetzes aufs Gemüt. So

bricht er in jenen begeisterten, für ihn charakteristischen Ruf aus: „Pflicht, du erhabener großer Name, der du — — bloß ein Gesetz aufstellst welches von selbst im Gemüt Eingang findet und sich selbst wider Willen Verehrung, wenngleich nicht immer Befolgung erwirbt" u. s. w.*) Man sehe zu, wohin man mit der Auffassung und Abänderung der sittlichen und gerade auch christlich sittlichen Überzeugung gerät, wenn man das für uns Wichtigste in diesen Ausführungen, ja lebendigen ethischen Zeugnissen unseres Philosophen preisgiebt. Ist es ein gutes Zeichen für die heutige Wissenschaft, wenn sie großenteils, nachdem sie erst im empiristischen Interesse angelegentlich auf Kants Kritik der reinen Vernunft zurückgegriffen hat, jetzt ebenso angelegentlich die positiven höchsten Grundsätze seiner Kritik der praktischen Vernunft umstoßen möchte? Von den neueren sogenannten Positivisten hat einer der ernstesten, der Philosoph Laas (Idealistische und positivistische Ethik 1882 S. 154 f.), ihm dort eine wunderbare Mischung von heiligem Eifer, spießbürgerlicher Pedanterie und klügelnder Sophistik, daneben auch „mystische Bestandteile" in seinem „komplizierten Gedankengeflecht" u. s. w. vorgeworfen!

Kant gegenüber haben wir an solche Ethiker, und zwar vor allem an ältere Philosophen englischer Zunge zu erinnern, welche die von ihnen behaupteten Prinzipien vielmehr auf eine empirische Beobachtung der innern Vorgänge stützten, darauf bauend, daß diese, wie sie bei ihnen selbst und bei den sie umgebenden Mitmenschen sich beobachten ließen, so sicher auch bei den Menschen insgemein vorauszusetzen seien. Wir haben hier als ersten den Engländer Shaftesbury zu nennen, sodann besonders den Schotten Hutcheson; neben ihnen den nordamerikanischen Theologen Jonathan Edwards († 1758), der als bedeutender, tiefer und kräftiger Denker nicht bloß unter seinen Landsleuten und Glaubensgenossen bis heute eine der ersten Stellen einnimmt, sondern auch bei Schotten und Engländern hohe Achtung erlangt hat: neben den zuvor Genannten ist er für uns deshalb besonders wichtig, weil die ethischen Grundgedanken, die er mit jenen gemein hat, bei ihm mit tiefen und begeisterungsvollen, evangelisch-christlichen Anschauungen und Ausführungen sich verbanden.**) Jene Männer standen auch mit ihrem philosophischen Denken recht in der Welt wirklicher

---

*) Kants Werke, Hartenstein. Ausg., Bd. 5, S. 227. 225 (Metaphys. Anfangsgründe der Tugendlehre), Bd. 6, S. 371 (Religion innerhalb 2c.), Bd. 4, S. 200 (Kritik der prakt. Vernunft).

**) Über Edwards und das Ansehen, das er gewonnen hat, vgl. besonders den Artikel über ihn in Ph. Schaffs „Religious Encyclopaedia" Vol. 1, p. 697 ff.; in Deutschland wird er merkwürdigerweise wohl erst durch den Artikel in Herzogs Encykl.² Bd. 4, S. 44 ff., bekannter gemacht, aber ohne daß sein Verhältnis zu

Erfahrung drin: Shaftesbury war ein reich gebildeter und fein beobachtender Weltmann und Edwards ein Gelehrter und Praktiker, der aus eigener Erfahrung auch von den Wilden und ihren Kindern zu reden wußte. Ein „moralischer Sinn" ist es, vermöge dessen wir alle gewissen Vorgängen und Zuständen des sittlichen Lebens gegenüber eine unabweisbare Neigung oder Abneigung empfinden, wenn wir auch gegen das Gute, das Gegenstand jener Neigung sei, durch anderweitige Einflüsse, Affekte u. s. w. gleichgiltig, ja gefühllos werden können. Und zwar ist dieser Sinn ein innerer Sinn (internal sense) für die Harmonie und Ordnung der Dinge, ein Vermögen, diese Harmonie wahrzunehmen, ebenhiermit ein Vermögen der Wahrnehmung des Schönen. Ein anderer innerer Sinn, der ästhetische, nimmt in analoger Weise die Schönheit oder Harmonie im Sinnlichen, im Reich der Töne, Formen, Farben u. s. w. wahr. Jener, der moralische Sinn, nimmt sie wahr, erkennt sie an und billigt sie im sittlichen Gebiet, oder im Gebiete der Affekte, Charaktere, Handlungen; seine Gegenstände gehören, wie Edwards sich ausdrückt, dem Willen und der Willensdisposition, oder nach einem Ausdruck, den man ja wohl allgemein verstehen werde, dem Herzen an. Wie nach Kant ein guter Wille das „ohne Einschränkung" für gut zu Haltende ist, so erklärt Edwards weiter: wahrhafte Tugend oder Schönheit sei dasjenige Schöne des Herzens, welches schön sei vermöge allgemeiner (nicht bloß partikularer oder relativer) Schönheit oder Harmonie, schön in sich selbst und in seiner Beziehung zu jedem Ding, mit welchem es in Verbindung stehe. Sie bestehe so wesentlich im allgemeinen Wohlwollen oder in der Liebe, wie ja dies nicht bloß in der heiligen Schrift reichlich dargelegt, sondern auch von den bedeutenderen Deisten anerkannt werde. — Mit der Bezeichnung „Sinn", die diesem inneren, moralischen und ästhetischen Sinn mit den gewöhnlichen sogenannten Sinnen gemeinsam sein soll, wird ausgedrückt, daß es beidemale um ein unmittelbares Vernehmen und Wahrnehmen des Subjektes sich handelt. Dabei wird aber von jenen Denkern versucht, das also Gefühlte und Wahrgenommene auch als ein im objektiven Zusammenhang der Dinge Begründetes zu erkennen und nachzuweisen. Hutcheson glaubte jenes Wohlwollen, das Personen zu Personen hinziehe, mit der Schwerkraft ver-

---

jener Moralphilosophie dort erwähnt würde. J. H. Fichte in seinen „Philos. Lehren vom Recht, Staat und Sitte" 1850, S. 544, rühmt das, was er von Edwards bei einem andern angegeben fand, als vortrefflich, wußte sich aber eine selbständige Kenntnis von ihm nicht zu verschaffen. Hierher gehört hauptsächlich seine Abhandlung über „The nature of true virtue" (nicht wie bei Schaff p. 699 gedruckt ist: „The end of t. v."), welche zusammen mit der über „The end for which God created etc." erst nach seinem Tode 1788 erschienen ist.

gleichen zu können, vermöge deren die Körper einander anziehen. Edwards
meint, indem er den Begriff des Seins und des Seienden in einer für uns
wohl befremdlichen, damals aber auch sonst gangbaren Weise handhabt:
Gegenstand jenes tugendhaften Wohlwollens sei Seiendes, und Anteil daran
habe das Seiende um so mehr, je mehr es Existenz, Größe, Vollkommenheit
besitze; die ganze sittliche Harmonie bezieht er zurück auf den objektiven
harmonischen Zusammenhang, in welchem Gott die Welt geschaffen habe
und zwar zu dem Zweck, seine eigenen Vollkommenheiten drin zu offenbaren
und die Kreatur zu einer unendlich vollkommenen Einigung mit ihm selbst zu
erheben. Aber zum Wohlgefallen am Schönen und sittlich Schönen kommen
wir nach ihm nicht durch solche Argumentationen bezüglich seiner objektiven
Zusammenhänge, sondern eben dadurch, daß es uns innerlich unmittelbar
affiziert, indem unser Geist, wie Edwards sich ausdrückt, eben so gemacht
ist, daß ihm eine solche Idee als schön erscheint. — Ein Verhalten also
einfach gemäß dem, was so Gegenstand unmittelbaren Wohlgefallens für
jenen inneren Sinn ist, unabhängig von egoistischen Interessen oder Trachten
nach Nutzen und Lohn, haben wir als das sittlich gute Verhalten anzuerkennen.

Wir haben um so mehr Grund, jene englischen Denker trotz allem, was
bei ihnen auszusetzen und zu vermissen sein mag, gegenwärtig wieder in
Erinnerung zu rufen, je mehr auch die vorhin erwähnte entgegengesetzte,
unten noch weiter zu besprechende Theorie der Gegenwart speziell auf eng-
lische Denker uns zurückführen wird. — Mit ihnen haben wir unter den
späteren deutschen Philosophen Herbart zusammenzustellen, sofern auch er
das sittlich Gute als sittlich Schönes betrachtet und auch nach ihm das
Schöne in einem uninteressierten Wohlgefallen sich kundgiebt, das es unwillkürlich in unserem Inneren erweckt. — Was überall bei diesen Ethikern
besonderen Wert für uns haben muß, ist ihre Beachtung und Anerkennung
jener Unmittelbarkeit, womit das Gute thatsächlich im Innern sich bezeugt;
nicht minder aber bei Kant im Unterschied von ihnen der Ernst und Nachdruck, womit er dasselbe nicht bloß als Gegenstand unwillkürlichen Wohlgefallens, sondern als ebenso heilige wie unbedingte Forderung hinstellt und
so erst das Ästhetische und Ethische recht auseinanderhalten lehrt. Hat
man doch demgegenüber bei Herbart die Frage aufwerfen können, ob es
nach seinen Prinzipien nicht genügen dürfte, die Idee des Guten sich zum
Gegenstand wohlgefälliger Betrachtung und ästhetischen Genusses zu machen,
oder warum man denn sich verpflichtet fühlen sollte, es auch selbst hervorzubringen. Mit der heiligen Forderung wird dann fürs sittliche Bewußtsein immer auch der Gedanke an einen höchsten Willen, der über der Erfüllung wacht, richtet und waltet, unmittelbar sich verbinden. So bethätigt

sich das sittliche Bewußtsein, sobald es sich lebendig erhebt, gerade auch schon bei Heiden. Und ohne die ernste Erfahrung davon wird man auch zu einer lebendigen und tiefen christlichen Überzeugung durch die Heilsoffenbarung nicht gelangen. Erst im wirklichen Heilsstande gelangt man dahin, das Gute so schön und rein aus innerem Wohlgefallen heraus zu üben und des kategorischen Imperativs als strengen und herben Zuchtmeisters nicht mehr zu bedürfen.

Prüfen wir nun in eigener Beobachtung, woher bei den Menschen die unwillkürliche Billigung des sittlich Guten oder unwillkürliche Anerkennung höchster, unbedingter sittlicher Forderungen stamme, so brauchen wir nicht erst eine Meinung abzuweisen, nach der das Innere irgend eines Menschen einfach aus sich selbst sittliche Vorstellungen und Ideen produzierte, oder die Annahme einer fertigen sittlichen Anlage, welche Kaftan („Die Wahrheit der christlichen Religion" 1888, S. 521) als einen gefährlichen „Mythus" (?) bekämpft, während von sittlichen Anlagen überhaupt zu reden auch er nicht umhin kann. Welcher Theolog oder Philosoph vertritt denn auch noch jene Meinung oder jene Annahme? Es geht hier vielmehr zu, wie in der ganzen Entwicklung und auf allen Gebieten unseres geistigen Lebens, Bewußtseins und Erkennens, und so wie wir es auch schon oben mit Bezug auf den zeitlichen Ursprung religiöser Vorstellungen bemerkt haben. Überall erwacht und entfaltet sich dieses Leben und Bewußtsein mit seinen Vorstellungen und Ideen nur in der Weise, daß dem Subjekt von seiten anderer, geistig schon weiter entwickelter Subjekte die geistigen Objekte nahegebracht und dargelegt werden; daß es aber unserem Geist als solchem eigentümlich ist, dieselben sich aneignen zu können, ja mit einer gewissen Notwendigkeit von ihnen ergriffen zu werden, sich selbst auf sie hinzurichten, weiter sie für sich zu gestalten, ja seine wahre Lebensbefriedigung hierin zu finden, das fassen wir mit andern dem Menschen eigentümlichen Funktionen in seinem „Wesen" und seinen verschiedenen „Anlagen" zusammen: Begriffe, die für jeden Denkenden unentbehrlich sind und guten Sinn haben, sobald er wirklich denken und erkennen und nicht etwa als vollkommener Empirist mit Konsequenz nur auf das seiner Betrachtung zunächst Vorliegende, d. h. auf die Reihe der in ihm selbst sich abspielenden, subjektiven, psychischen Vorgänge sich beschränken will. Nahegebracht wird so jenes Sittliche im erziehenden und belehrenden Worte der andern und im gesamten Verkehr mit ihnen, nahegebracht insbesondere durch die mit dem Wort verbundene lebendige Darstellung derselben in ihrem eigenen sittlichen Thun und Verhalten. Dabei verbergen wir uns nicht das Gewicht menschlicher Gewalt und Autorität, welche zur Aufnahme des also Dargebotenen, — nicht die Macht der Gewohnheit, welche zur Aneignung desselben und dem Festhalten daran in weitem Umfange mitwirkt.

Gar mannigfaltig und sich widersprechend und ebenso auch gar wandelbar könnten einem die auf solche Weise in der Menschheit verbreiteten ethischen Anschauungen und Vorschriften erscheinen, wenn man die ganze Geschichte dieser Menschheit und ihre Gliederung in all die verschiedenartigen Rassen und Stämme überblickt. Oft und bis ins Übermaß ist das besonders in unserer Zeit denen entgegengehalten worden, welche eine allen gemeinsame sittliche Anlage, eine allgemeine unbedingte Geltung, die vermöge ihrer den bestimmten sittlichen Forderungen zu teil werden sollte, ja müßte, und ein in ihr begründetes unmittelbares Vernehmen des Hoheitsanspruches solcher Forderungen noch zu behaupten wagen: wie vertrage sich hiermit, daß man z. B. fürs Verhalten zu den Mitmenschen an einem Ort hingebende Liebe sogar gegen Feinde fordere, anderswo harten Mannesstolz und Rachsucht bis aufs äußerste gutheiße, oder daß fürs Verhalten des Menschen zu sich selbst und seinem Fleisch hier Kasteiung und Abtötung des Fleisches zum Verdienst, ja zur Pflicht gemacht, dort dagegen wilder Fleischeslust Raum gegeben, ja ein wüst unzüchtiges Treiben sogar in den Kultus aufgenommen werde? Man ist so, wenn auch oft nur verstohlen, zu der Konsequenz weitergegangen, daß wir wirklich kein Recht hätten, überhaupt von einem allgemeinen Sittengesetze zu reden. Bietet sich uns denn aber nicht auch unter allen den Differenzen Gemeinsames von höchster Bedeutung dar, und neben dem geschichtlich Wandelbaren doch sittliche Prinzipien und Forderungen, die nicht bloß geschichtlich da, wo sie einmal anerkannt sind, fest sich behauptet haben, sondern von denen wir auch überzeugt sein dürfen und müssen, daß sie immerdar Bestand behalten? Und müssen wir dies nicht nach allen Beobachtungen, die wir machen können, eben auf ein unmittelbares Innewerden und Erleben zurückführen?

Von den in sich festen christlichen Überzeugungen, die hier in Betracht kommen, kann freilich jeder zunächst nur sagen, daß er selbst sie besitze, und bei jenen Beobachtungen kommt es zunächst auf solche an, die jeder Christ an sich selbst zu machen hat. Aber wir dürfen, indem wir die andern darauf hinweisen, zuversichtlich voraussetzen, daß sie Gleiches auch bei sich finden, wenn es ihnen auch an scharfer Reflexion darauf vielleicht noch gefehlt hat.

Unwandelbar fest stehen so für uns Christen die sittlichen Grundforderungen, welche die biblische Offenbarung als Gottes Gebote uns vorhält, — das Gebot der Nächstenliebe, das Gebot der Selbstheiligung im Gegensatz gegen die eigenen Fleischeslüste u. s. w. Mit ihrem unbedingten Anspruch an den menschlichen Willen stellen sie sich schon dort dar wie heute, wenn auch ihr Inhalt in seiner konkreten Entfaltung mit Bezug auf wechselnde menschliche Verhältnisse und Zustände verschiedene Gestalten an-

5*

nehmen muß. Wohl ist das Verständnis für ihren Inhalt bei der Christenheit im Laufe der Zeit durch anderweitige Einflüsse getrübt worden; aber um so mehr hat für uns ihre ursprüngliche Hoheit, Klarheit und Macht sich neu bewährt, vermöge deren sie für unser Bewußtsein und Erkennen wieder zu reiner voller Geltung gekommen sind und wir nur in der Umkehr zu ihnen und ihrem ursprünglichen Sinn die echte sittliche Wahrheit wieder haben finden können. Und nun sind wir dessen, daß für uns ihre Ansprüche unwandelbaren Bestand auf immer behalten, so gewiß, als wir unserer selbst gewiß sind. Wir sind überzeugt und wissen's im voraus, daß keine menschliche Macht stark genug und keine menschliche Dialektik jemals geschickt genug sein wird, unser Gewissen von ihren Ansprüchen zu entbinden. Wir wissen, daß wir mit unserem Begehren, Wollen und Thun uns von ihnen abwenden, uns gegen sie richten, vielleicht auch zeitweise sie uns aus dem Sinn schlagen könnten, zugleich aber auch, daß sie auch dann noch für uns gälten und wir in der Pein des schuldbelasteten Gewissens und im göttlichen Gericht ihre Geltung erst recht noch zu erfahren bekämen. Ein lebendiger Christ wird im praktischen Leben, wenn andere mit falscher Dialektik an den sittlichen Prinzipien ihn irre machen oder eigene Lüste ihn zur Verleugnung derselben verführen möchten, auch gar nicht erst nach verständigen Argumentationen für ihre Geltung suchen; diese ist ihm Sache unmittelbarer Gewißheit geworden. Und zwar ist dieselbe nicht etwa nur Folge derjenigen Gemeinschaft mit Gott, deren er als Christ genießt: er verdankt dieser die Freudigkeit und Kraft zur Erfüllung der Forderungen und auch das helle Licht fürs Verständnis alles ihres Inhaltes, weiß aber, daß er auch dann, wenn er durch Sündigen wider dieselben der Gottesgemeinschaft verlustig ginge, dennoch mit seinem Gewissen unter dem Banne derselben bleiben müßte. So wird er denn auch mit Recht erklären, daß die sittlichen Prinzipien schon ursprünglich, so viel auch Autorität und Gewohnheit mitwirken mochte, sich erst vermöge eigener unmittelbarer Gewißheit für ihn wahrhaft festgestellt haben. Und so haben wir entsprechend dem, was hier bei und in uns selbst sich ergiebt, auch die Entstehung und Selbstbehauptung solcher wirklicher ethischer Forderungen aufzufassen und zu verstehen, die auch schon außerhalb des Christentums sich erhoben und behauptet haben. Mit dieser Auffassung des sittlichen Bewußtseins und Gewissens werden wohl auch solche christliche Theologen übereinstimmen, welche, wie König, die gläubige Überzeugung von den objektiven Thatsachen der biblischen Offenbarung und von der Autorität der Offenbarungszeugen vielmehr auf Verstandesoperationen stützen zu müssen meinen.

Das christliche Leben und Bewußtsein, von dem wir hier redeten, fehlt denjenigen, welche, obgleich in der äußeren christlichen Gemeinschaft stehend,

statt des in Christus geoffenbarten Gottes nur sittliche, auf unser menschliches Zusammenleben und persönliches Leben bezügliche Prinzipien theoretisch
und praktisch anerkennen wollen und darunter wohl auch ihrerseits namentlich
allgemeine und spezielle Nächstenliebe, Wahrhaftigkeit, Selbstbeherrschung
und Bildung des eigenen Willens u. s. w. aufnehmen. Sie mögen auf
diesen Standpunkt gekommen sein, nachdem sie früher unter den Einwirkungen christlichen Unterrichts auch jenen Glaubensinhalt persönlich zu-
gestimmt, ihn jedoch noch nicht tief genug sich angeeignet hatten, oder auch
ohne daß sie je von ihm ernstlich berührt worden wären. Soweit aber
doch wenigstens jene Prinzipien für sie feststehen, können wir dies nur
darauf zurückführen, daß wenigstens durch jene auch sie unmittelbar ergriffen, ja überwältigt worden sind. Im Vertrauen auf diese innere Macht,
welche das Sittliche, richtig dargelegt, über die Herzen ausübt und welche
es freilich erst da recht voll, heilsam und erfolgreich üben kann, wo mit
den Forderungen die Darbietung der göttlichen Liebe und Gnade sich verbindet, wendet sich die christliche Mission fort und fort an die Heidenwelt;
und sie darf sich fort und fort über Thatsachen freuen, die ihr Vertrauen
rechtfertigen, ja über Eindrücke, welche in den scheinbar rohesten Natur-
menschen die lebendige Darstellung einer ihnen bisher völlig fremden
Nächstenliebe hervorzubringen vermag, wobei wir nur wohl unterscheiden
müssen zwischen einer unwillkürlichen Anerkennung, die das Gute ihnen abgewinnt, und einem Entschluß ihres eigenen Willens, unter die sittliche
Forderung sich selbst zu beugen. Nur vermöge jener Macht, die innerlich,
unmittelbar und unabweisbar sich zu erfahren giebt, können wir endlich hiernach
auch jene ethischen Erscheinungen in der natürlichen Heidenwelt verstehen,
von denen wir Paulus reden, oder jene Achtung ungeschriebener Gottes-
gesetze, wovon wir einen Sophokles und Sokrates zeugen hörten.

Kommt das sittliche Bewußtsein und die sittliche Überzeugung auf
diese Weise zu stande, so ergeben sich eben hiermit verschiedene Bedingungen und Einflüsse, durch welche ihre Entwicklung im ganzen und nach
bestimmten Seiten hin gefördert oder gehemmt werden kann, die aber doch
nicht mit den eigentlichen Faktoren der Entwicklung verwechselt werden
dürfen.

Erforderlich ist vor allem eine gewisse Entfaltung und Kraft des
geistigen Lebens überhaupt im Gegensatz gegen einen Stand so tiefer Roh-
heit und Verwilderung, daß die Geister unter dem Getriebe sinnlicher
Affekte, Lüste und Leidenschaften überhaupt noch nicht oder nicht mehr sich
ernstlich in sich zu sammeln und auf Geistiges hinzurichten vermögen.
Insoweit wird die Behauptung recht haben, daß einem erfolgreichen
Wirken der sittlich-religiösen Verkündigung solcher Roheit gegenüber eine

gewiſſe äußere Zucht und gewiſſe Kulturanfänge vorangehen müſſen. Sodann läßt erſt die fortgeſetzte geſchichtliche Entfaltung des geiſtigen und natürlichen Lebens und insbeſondere Gemeinlebens in der Menſchheit die
vielerlei konkreten Aufgaben hervortreten, welche dieſes mit ſich bringt,
welche von einer durch die ſittlichen Grundforderungen und Grundtriebe
beſtimmten Geſinnung und Willensenergie aufgenommen werden ſollen und
in deren richtiger und treuer Aufnahme und Bearbeitung die ſittliche Erkenntnis ſelbſt ſich weiter bereichern, der ſittliche Wille weiter erſtarken wird.
Da wird ſich dann auch zeigen, wie gar vieles, worin wir eine ſittliche
Forderung an die Menſchen erkennen, zugleich ihrem natürlichen geiſtigen
und leiblichen Wohlſein dienlich und zum Schutz für die dieſem drohenden
Gefahren notwendig iſt: ſo namentlich feſte Rechtsordnungen und andere
Ordnungen des geſellſchaftlichen Lebens, ſo auch gewiſſe Verhaltungs-
maßregeln für Leib und Seele des einzelnen. Aber ſo gewiß dies auch
dem eigentlich ſittlichen Leben zu gute kommt, ſo ſehr werden wir davor
warnen müſſen, daß man deshalb aus der Vorſtellung von ſolchem Nutzen
die unbedingte ſittliche Forderung ſelbſt ableite. Auch meine man ja nicht,
daß die zunehmende Kultur oder auch der Fortſchritt der Geſchichte überhaupt an ſich ſchon Fortſchritt in dem mit ſich bringe, worin wir als
Chriſten und nach unſerer ganzen bisherigen Ausführung das Weſen wahr-
hafter Sittlichkeit ſehen müſſen. Denn das iſt ja nicht reiche Ausbildung
des Geiſtes in intellektueller und äſthetiſcher Beziehung, oder Bearbeitung
und Durchdringung der Natur durch dieſen Geiſt und für ſeine Zwecke,
oder geſchickte Behandlung der ſozialen Verhältniſſe, Bedürfniſſe und Ver-
wicklungen im Intereſſe eines möglichſt ungeſtörten und genußreichen Zu-
ſammenlebens u. ſ. w.; ſondern es beſteht in der hingebenden Anerkennung
jener auch ſchon dem ſchlichteſten ſittlichen Bewußtſein ſich kundgebenden
ſittlichen Forderungen durch die einzelnen und die Gemeinſchaften, in einem
dadurch beſtimmten Willen, einer darauf gerichteten Geſinnung und in derjenigen Arbeit an allen jenen Aufgaben, welche eben von einem ſolchen
Willen und einer ſolchen Geſinnung ausgeht und durchdrungen iſt. Man
blicke doch nur auf die wirkliche Geſchichte, die wirkliche Kultur! Standen
denn die hochkultivierten Römer, von deren Bildung und geſetzlichen Ordnungen auch die chriſtliche Nachwelt noch ſo vieles zu lernen hatte, deshalb
jener wahren Sittlichkeit oder derjenigen Gerechtigkeit, welche Jeſus forderte,
etwa näher als die unkultivierten Germanen, die ihnen ihr eigener Tacitus
zur Beſchämung vorhielt? Oder ſind die gebildeten Griechen nicht gerade
in ihrer fortſchreitenden geſchichtlichen Entwicklung jenem greulichen ſittlichen
Verderben verfallen, von welchem Paulus Röm. 1 redet, während die
Anfänge ihres ſittlichen Lebens bei Homer uns ein verhältnismäßig weit

reineres, wohlthuenderes Bild darbieten? Bei den alten Mexikanern redet Kaftan von „wahrhaft hohen sittlichen Idealen", die bei ihnen von den europäischen Eroberern vorgefunden worden seien, — andere aber, und zwar Profanhistoriker, von einer merkwürdigen Verbindung der Feinheit mit äußerster Roheit, ja mit Kannibalismus; standen sie nicht in dieser sittlichen Beziehung gar unter ihren Nachbarn, den Rothäuten, oder unter jenem Kanadier Seumes, der „ein Herz, wie Gott es ihm gegeben, von Kultur noch frei, im Busen fühlte?" Die Unterschiede, die wir hier machen müssen, sind sehr wichtig fürs Verständnis der eigentlichen Wurzeln des sittlichen Lebens und Bewußtseins überhaupt; sie sind es ebenso für die Frage, woraus die christliche sittlich-religiöse Überzeugung hervorgehe und an was ein auf ihre Erweckung hinarbeitendes christliches Zeugnis anknüpfen müsse.

Wo auf diese Weise und unter solchen Bedingungen die sittliche Wahrheit einmal ans Bewußtsein herangetreten ist, da wird dann ihre Aneignung und Bewahrung zugleich und ganz wesentlich durch das Verhalten bedingt, welches der von ihr Berührte mit seinem eigenen Willen, Streben und gesamten Verhalten zu ihr einnimmt. Das muß jeder Christ wissen, der auf das wirkliche Leben und vor allem auf sein eigenes achthat. Man kann von jener dann doch noch den Blick abwenden und thut das so leicht, ja oft fast unwillkürlich, sobald verfucherische Reizungen und Neigungen ihren Anforderungen entgegenstehen. Weiter sucht man unwillkürlich, ja auch absichtlich das, worauf jene Neigungen hintreiben, sich und andern so zurecht zu legen, als ob es mit diesen Forderungen sich vertrüge, ja gar selbst aus den dem Gewissen sich bezeugenden sittlichen Prinzipien flöße. Jeder wird beobachten können, wie durch solche Einflüsse ein Gewissen, obgleich es noch als ursprüngliche, aufs rechte gerichtete Anlage sich regt, einer Verkehrung und Stumpfheit anheimfallen kann. Gegen diese Thatsache verfängt die Einwendung nichts, daß dann das korrumpierte Gewissen „eine ganz unerschöpfliche Ungleichheit in den Vielen aufweisen müßte" (so Ritschl, Über das Gewissen, S. 19). Sind doch thatsächlich auch die verführerischen Reizungen großenteils die gleichen in weiten Kreisen, Gemeinschaften, Ständen u. s. w. Und andererseits werden sie bei den einzelnen großenteils in Schranken gehalten durch jene gesetzlichen Ordnungen, zu welchen das Bedürfnis des Zusammenlebens im Bund mit den Regungen des Gewissens die Gemeinschaften veranlaßt.

Alles, was hier über die Bedingungen für die Entfaltung der Gewissensanlage gesagt worden ist, kommt in Betracht für das, was an der Behauptung von einer unendlichen Verschiedenheit der Gewissensaussagen bei einzelnen Personen und besonders auch ganzen Gemeinschaften wahr ist. Was freilich den Zustand der Menschheit im großen betrifft, wie er schon in den ältesten Urkunden und Spuren ihrer Entwickelungsgeschichte uns vorliegt, so werden wir hier mit unseren Fragen über die Trübung, ja Verkehrung und nicht etwa bloß fortschreitende Entwickelung des Gewissens ganz in dasselbe geheimnisvolle, unserer Beobachtung nicht zugängliche Dunkel hineingeführt, wie mit der Frage über das Hereinkommen der Sünde und nicht bloß kindlichen Schwäche in die Menschheit (vgl. Stud. und Krit. 1890, S. 283 ff.). Gerade bei der Menschheit im sogenannten Naturzustand aber finden wir allezeit, schon auf den niedersten Stufen und unter allen Trübungen des sittlichen Bewußtseins, wenigstens den festen, aus keinen bloß äußerlichen Einflüssen erklärbaren Glauben an Gebote, welche von höchsten Mächten gestellt seien, und hiermit eine Ahnung und Anerkennung unbedingter, dem menschlichen Willen gestellter Forderungen, ob auch ihr Inhalt für unser sittliches Urteil noch so mangelhaft, ja verkehrt sein mag. Was wir über das Sittliche als Sache unmittelbaren Vernehmens sagten, erhält auch hier noch seine Bestätigung.

Werfen wir nach dieser Ausführung noch unsern Blick auf die schon oben erwähnte andere Auffassung! Sie tritt uns gegenwärtig im sogenannten Positivismus gegenüber, und als die für uns wichtigste Ausführung der „positivistischen Ethik" dürfen wir die des schon oben genannten (schon 1885 verstorbenen) Philosophen Laas in seinem Werk „Idealismus und Positivismus", 2. Teil „Idealistische und positivistische Ethik, 1882" bezeichnen. Schon früher habe ich (Theol. Stud. und Krit. a. a. O. S. 273) auf den Einfluß dieser Richtung beim Juristen Ihering und beim Theologen Kaftan (Wesen der christlichen Religion 1881, S. 153 ff., 2. Aufl. S. 175 ff.) hingewiesen. Fragen wird es sich, ob sie nicht wesentlich auf dasselbe hinausläuft, wie ein sogenannter Utilitarismus oder Eudämonismus oder eine „Moral des wohlverstandenen Interesses" (Laas, S. 173), Theorieen, wie sie schon die Engländer Bentham und Hobbes, ja schon Epikur vorgetragen haben, obgleich Kaftan und auch Laas sich dagegen verwahren.

Was „unsern Pflichten ihren objektiven, von Willkür und Belieben unabhängigen Wert verleiht", sind nach Laas die objektiven Güter. Diese werden hervorgetrieben und zur Entwickelung gebracht durch die mit unsern Ansprüchen in angemessenes Gleichgewicht gesetzten Ansprüche unserer Umgebung. Solche Güter sind z. B. die Sicherheit des Arbeitsgewinns, der gesellschaftliche Friede u. s. w. Ähnlich erklärt gleichzeitig oder noch vor ihm Kaftan a. a. O.: Menschen können nicht zusammenleben, ohne daß sich auf rein natürlichem Wege zunächst die Wertschätzung gewisser Güter ergebe, welche die Sicherheit und den Wert ihres Lebens erhöhen. Er nennt als solche die Sicherheit des Lebens und Eigentums, die Gastlichkeit, die Wahrhaftigkeit u. a. Das, sagt er, seien Güter der Gesamtheit; ein Zusammenleben könne ohne Fürsorge für ihre Erhaltung nicht bestehen; der einzelne aber sei auf ein Zusammenleben angewiesen; so liege eine natürliche Nötigung zur Wertschätzung solcher Güter vor. Bestimmter noch definiert Laas die objektiven Güter: „solche, welche bei objektiver Beurteilung, d. h. bei möglichster Entäußerung von momentaner und persönlicher Befangenheit und bei möglichster Erweiterung des Blickes auf das wohlverstandene Gesamtinteresse einer größeren Menge fühlender Wesen als wertvoll erscheinen."

Sofort aber müssen wir fragen: was ist hiernach der eigentliche Grund dafür, daß der einzelne in Wahrung und Förderung solcher Güter dem Leben und Gesamtinteresse der Vielen dienen soll? Nach der gemeinen christlichen Auffassung möchte man sagen, daß dies eben der im Gewissen sich bezeugende Wille des Gottes der Liebe von ihm fordere und weiter erst, daß er dann darin auch sein eigenes wahres Heil finden werde; wir kämen damit auf unsere vorangehenden Ausführungen zurück. Dort aber kommen wir nicht weiter als darauf, daß der einzelne eben auf jenes Zusammenleben mit dem eigenen Bedürfnis und im eigenen Interesse angewiesen sei, und die weitere Folge wird sein, daß er für dasselbe auch in den einzelnen Fällen nur das leistet, was mit seinem partikularen Interesse mindestens nicht in Konflikt kommt.

Kaftan freilich fährt fort: es sei doch im einzelnen nicht Sache des natürlichen Willens, für die Erhaltung jener Güter zu sorgen; es „lösen sich davon primitive sittliche Gebote ab", welche die Gesellschaft dem einzelnen mit Strafandrohung einschärfe, und an diesen entwickle sich dann das Gefühl des Sollens, das Bewußtsein einer von der eigenen Lust und Unlust unabhängigen Verpflichtung. Aber das zuvor Gesagte führt nur erst auf den Gedanken an solche Gebote und Verbote der Gesellschaft, die mit ihren Drohungen eben ans Interesse des einzelnen sich wenden und demnach bei ihm auch nur insoweit auf Befolgung zu rechnen hätten, als für ihn das Gewicht des von ihm geforderten Opfers das Gewicht der ihm angedrohten Strafe nicht überwiegt. Wie daraus das Gefühl jenes Sollens — und zwar als ein wohlbegründetes, nicht bloß auf Illusion beruhendes Bewußtsein hervorgehen soll, bleibt völlig unerklärt; es muß seinen eigentlichen Grund anderswo haben, so große Bedeutung für seine Entfaltung dann auch jene Einwirkung der Gesellschaft haben mag. Kaftan sagt weiter noch: indem der Bestand der Güter doch nicht in jedem einzelnen Fall von der Erfüllung der betreffenden Forderung abhänge und indem jeder in Lagen komme, wo er ohne eigene Einbuße daran das Gebot umgehen könne, bleibe hiermit Raum für das sittliche Gebot, das um seiner selbst willen gelten wolle. Aber die Frage wäre erst, woher dieses Gebot kommen sollte und warum das·Subjekt nicht vielmehr einen Raum zu freier, willkürlicher Selbstbefriedigung dort zu sehen hätte.

Laas fährt zuerst mit Sätzen fort, in denen man Hobbes reden zu hören meint: Von Natur erkennt niemand Ordnungen über sich an; erst der Urkrieg aller mit allen schafft dieselben; erzwungene Unterwerfung geht dann allmählich mehr oder weniger in freie Anerkennung über, indem der einzelne sich in die Forderungen hineinlebt und sie in dem Werte, den sie fürs Ganze und zugleich für ihn haben, schätzen lernt. Doch Laas sieht, daß man hiermit noch nicht hinauskommt über Einzelkonzessionen der vielen einzelnen Volksglieder an die Gesamtheit und über den Gesichtspunkt des Nutzens, den die konkreten Bestimmungen für die einzelnen haben, — noch zu „keinem absolut allgemeinen Urteil", — nur zu Interessenerwägungen und „nicht zu Pflichten, die, wie wir sie suchen, auch dann noch Wert haben, wenn sie unsern Interessen zuwiderlaufen und uns Opfer auferlegen". Und nun folgert er ohne weiteres: „Man muß zur Grundlegung an die Stelle der distributiv allgemeinen Zustimmung die kollektiv allgemeine und an die Stelle des Beifalls zu den Einzelpositionen die fundamentale Zu- stimmung zu der Aufstellung von Ordnungen überhaupt setzen"; noch weiter endlich: „Das Individuum hat nicht mehr das Recht — auch idealiter nicht — von denjenigen Zustimmungen, die es einsichtsvoll und frei mit Rücksicht auf die Gesamtlage seines Lebens prinzipiell gemacht hat, in dem Augenblick wieder zurückzutreten, wo zufällige Gelegenheiten es ihm wünschens- wert erscheinen lassen, . . . die ursprüngliche Freiheit zurückzubekommen, um . . . . im Moment und im einzelnen noch mehr zu lukrieren . . . ., solches Verhalten würde die Möglichkeit sozialer Ordnungen überhaupt auf- heben." Aber daß man zum Suchen oder Postulieren jener Pflichten wirklich Grund und Recht habe, hat Laas gar nicht zuvor bewiesen. Jenes „Setzen", das ihm zur Ermöglichung und Herstellung derselben dienen soll, und vollends die „Zustimmung" jedes Individuums dazu ist reine Fiktion. Ja auch die letzte Aussage über ein „solches Verhalten" u. s. w. ist nicht gehörig begründet und reicht zur Begründung unbedingter Pflichtforderungen nicht zu. Denn ein eudämonistisch-positivistischer Ethiker, der soziale Ordnungen ihres Nutzens wegen haben und wahren will, könnte immerhin einzelnen es überlassen, auf ihre eigene Gefahr hin mit Ver- letzung der einen oder andern rechtlichen Bestimmung der bürgerlichen Ge- sellschaft Gewinn für sich zu suchen, und doch zugleich darauf vertrauen und dafür sorgen, daß die Gesellschaft derartigen Versuchen gegenüber mit Strafdrohung und Gewalt ihre Rechtsordnung aufrecht erhalte; er dürfte sich dabei beruhigen, daß dies zwar zu kleinen Kriegen zwischen einzelnen und der Gesellschaft führen möge, die ja auch thatsächlich unvermeidlich seien, aber lange noch nicht zum bellum omnium contra omnes, und daß auch von keinem inneren Widerspruch hier die Rede sein könnte, weil es auf beiden Seiten nicht um ein schlechthin Gutes oder unbedingt Gefordertes, sondern nur um Nutzen und Macht sich handle. — Es liegt uns hier ein seltsamer Zirkel der Beweisführung bei einem so scharfsinnigen Denker vor, — nur erklärlich daraus, daß bei ihm zugleich mit seinen allgemeinen philosophischen Voraussetzungen und Theorieen gewisse sittliche Überzeugungen feststehen, welche, in Wahrheit anders begründet, unter jene sich nicht fügen und doch durch sie sich nicht erschüttern lassen.

Von denjenigen Anschauungen aus, in welche so auch die positivistische Ethik hineingerät, läßt sich die Anerkennung eines Sittengesetzes, wie wir Christen es haben und wie wir es auch schon bei Heiden sich bezeugen sehen, nie erklären oder begründen.

Was den Inhalt der sittlichen Forderungen anbelangt, so kann man damit nie zu solchen unbedingten Forderungen kommen, welche dem Menschen wirkliche Selbstverleugnung oder einen Verzicht auf eigene Interessen zumuten dürften, ohne daß er dadurch eine Aussicht auf gleichartigen Gewinn oder auf Bewahrung vor gleich schwerem Schaden gewinnen würde. Nicht bloß die höchsten Akte christlicher Selbstverleugnung würden hiermit wegfallen, sondern auch z. B. die selbständige und todesbereite Pflichterfüllung eines Sokrates oder der todesmutige Akt jener sophokleischen Antigone (oben S. 64), worin sie, wie K. Otfr. Müller (Geschichte der griech. Literatur, Bd. 2, S. 121) sagt, verkündigte, daß auch der Staat ein Heiliges außer und über sich zu respektieren habe. Man käme nicht über gesetzliche und konventionelle Ordnungen hinaus, die möglichst geschickt für gegenseitiges Sichvertragen und Zusammenwirken eingerichtet wären — nicht nach Urteilen eines sich kundgebenden Gewissens oder einer Kantschen praktischen Vernunft, sondern vermöge einer ratio oder reason im Sinne von Hobbes und andern Engländern, d. h. eines wohlberechnenden Verstandes (vgl. über ratio oben S. 13); der große Positivist Comte wünschte für diesen Zweck ein aus wenigen höchst gebildeten Geistern bestehendes, mit möglichster Autorität ausgestattetes gesetzgeberisches Kollegium.

Niemand könnte ferner, auch wenn einem solchen Wunsch genügt würde, verständigerweise auf eine fortwährende Geltung des hiernach von ihm anerkannten Sittengesetzes vertrauen. Denn die Wertschätzung der einzelnen Hauptinteressen ist, wie wir schon oben (S. 59 f.) in betreff der Güter bemerkten, zu verschiedenen Zeiten und bei verschiedenen menschlichen Gemeinschaften und Klassen eine verschiedene, nicht minder auch das Urteil über wahre Bildung. Wie werden wir ganzen Massen, wenn sie etwas nach unserm Sinn Unsittliches und Heilloses, wie z. B. die sogenannte freie Liebe, als etwas fürs Gemeinleben Ersprießliches und darum sittlich Gutes proklamieren möchten, noch wirksam opponieren, wenn wir nicht mehr ans einfache Gewissen eines jeden appellieren können?

Insbesondere endlich haben auch diejenigen Forderungen, welche der einzelne als heilsam und recht für sein Gemeinwesen anerkannt haben mag, doch die Unbedingtheit ihrer Geltung für ihn verloren. Ja aus ebendemselben Grund, aus welchem er ihnen jene Anerkennung im allgemeinen schenkt, wird er trotz der Einsprache, die die Gemeinschaft dagegen erhebt und die er von ihrem Standpunkt auch ganz gerechtfertigt finden wird, sich jene Ausnahmen und Übertretungen um des eigenen Wohlseins und Bedürfnisses willen erlauben. Überdies könnten Fälle vorkommen, wo er dem Gemeinwesen selbst Vorteile verheißen möchte aus einer durch ihn begangenen Übertretung des bort geltenden Rechts- und Sittengesetzes, z. B. aus Lügen und Meineiden, Eingriffen in fremdes Eigentum u. s. w. Lachen dürfte er wohl, wenn der Ethiker ihm vorhielte: aber Verletzung des Gesetzes sei doch immer ein Schaden fürs Gemeinwesen und die Beschädigung des Gemeinwesens müsse Schaden für die einzelnen und also auch für ihn zur Folge haben. Er dürfte antworten: im vorliegenden Falle sei jedenfalls der Schaden, der ihn bei Treue gegen das Gesetz treffe, sicher und groß, der Schaden, der ihm infolge der Übertretung direkt oder indirekt drohe, mindestens sehr ungewiß, ja unwahrscheinlich und jedenfalls weit geringer. Laas sagt in jener Ausführung weiter: indem die positivistische Moral voraussetze, daß jeder den Nutzen oder Wert der menschlichen Kooperation im Prinzip und im allgemeinen anerkennen müsse, verlange sie, daß jeder auch die Konsequenzen dieses prinzipiellen Zugeständnisses auf sich nehme. Aber die Entgegnung des einzelnen liegt auf der Hand: er habe das Zugeständnis nie in dem hier genannten Sinne gemacht, und falls er's je gemacht hätte, so müßte ihm eben auch das erst noch bewiesen werden, daß er an ein gemachtes Zugeständnis schlechthin gebunden bleibe. Mit großem und an sich lobenswertem Eifer bringt man bei jenem Standpunkte darauf, daß durch die Erziehung das Gute, wie Laas sagt, in die Gesinnung selbst eingebildet, — daß hierdurch ein recht lebendiges Bewußtsein des Sollens, ja der unbedingten Verpflichtung erzeugt werde. Aber wie, wenn der also Erzogene dann gerade durchs Studium wissenschaftlicher Ethik zur Erkenntnis kommt, daß es mit der Begründung dieser Unbedingtheit gar übel stehe, daß man ihm den Glauben daran eben nur „eingebildet", ja daß man gar in der Art, wie man ihm diesen bei der Erziehung begründete, ihn thatsächlich hintergangen habe? Wird

dann nicht das Wichtigste für ihn wieder der einfache Appell ans Gewissen bleiben?*)

Schließlich muß bei der Frage über das Bewußtsein des Guten jene
Zusammenstellung des Guten und Schönen, bei der wir die rechte
Würdigung des Guten als eines unbedingt Geforderten vermißten, auch
noch in ihrer positiven Bedeutung für unsere Frage wohl beachtet werden.
So sehr wir den Wert des einen oder des andern zu unterscheiden haben,
so gewiß ist der Wert doch beidemale Gegenstand unmittelbaren Vernehmens.
Auch beim Schönen ist der Sinn dafür in analoger Weise erst der Anregung und Entwicklung bedürftig und in seiner Entwicklung durch geschichtliche Verhältnisse bedingt. Mit dem ferner, was wir über das Verhältnis
der sittlichen Entwicklung zur Kulturentwicklung sagten, hat das Verhältnis
der Entwicklung eines gesunden ästhetischen Sinnes zu den andern Seiten
der Kulturentwicklung, zu der sie doch mit gehört, eine gewisse Analogie:
wie lebendig kann der Sinn für echte Dichtkunst schon sich bethätigen, wo
jene nach andern Seiten hin noch weit zurück ist! in welche Geschmacklosig-
keit und Korruption kann alle Kunst versinken, wo in anderer Beziehung
ein Kulturhöhepunkt erreicht scheint! Und wenn bei verschiedenen Völkern
und Menschen die Urteile über das wahrhaft Schöne noch so sehr auseinandergehen, so wird doch bei uns mit eigenem Sinn fürs Schöne und
eigener Liebe zum Schönen immer und von selbst die Überzeugung sich
verbinden, daß das wahrhaft oder klassisch Schöne nur Eines sei, daß es
bei allen, die Sinn fürs Schöne und die Bedingungen für seine Ausbildung besitzen, als solches durch sich selbst Geltung gewinnen müsse, daß
auch die Geltung, die es bei uns gewonnen, nie wieder sich werde erschüttern lassen. Nur dürfen wir die Anlage fürs Schöne nicht gleichermaßen, wie die fürs sittlich Gute, als eine allen gemeinsame ansehen:
ebensowenig, als ein ästhetisch wohlgefälliges Verhalten gleichermaßen wie
ein sittlich wohlgefälliges oder gutes unbedingt gefordert ist. Aber soweit
sie da ist und rege wird, bethätigt auch sie sich vor allem in jenem unmittelbaren Vernehmen, jenem unwillkürlichen Wohlgefallen oder Mißfallen.
Objektive Zusammenhänge des allgemeinen geistlichen und sinnlichen
Daseins müssen wir auch hier als objektiven Grund für jene subjektiven
Eindrücke ansehen, wie die tiefsten objektiven Beziehungen zwischen Gott,
der Menschheit und Natur als Grund für jene ethischen Eindrücke; aber

---

*) Jenen Erklärungen des Sittlichen gegenüber mache ich auch aufmerksam
auf die akademische Rede des besonders selbständig, verständig und realistisch denkenden
und beobachtenden Universitätskanzlers (†) G. Rümelin in der „Deutschen Rund-
schau" 1891, H. 8, S. 264 f.

die Eindrücke gehen nicht etwa schon aus der objektiven Erkenntnis dieser Zusammenhänge uud Beziehungen hervor, sondern leiten uns selbst erst zu ihr hin. So findet Analogie statt zwischen dem Ursprung und Bestand der moralischen und der ästhetischen Ideen in uns. Nie aber wird es gelingen, in konsequenter Analogie mit eudämonistischer und positivistischer Erklärung des Guten auch das Schöne zu erklären. — Keck genug sprechen freilich in der Gegenwart über beides zusammen andere ab, wie sich vor kurzem einer in einer Flugschrift vernehmen ließ*): „Glaubens- und Sittenlehren wachsen und vergehen, entwickeln und verändern sich genau so wie Tiere und Pflanzenformen; es giebt keine ewigen Gattungstypen, so wenig wie es ewige Wahrheiten, ein ewig Schönes, ein ewig Gutes giebt." So weiß man hier die Bedeutung der geschichtlichen Entwicklung fürs Ethische und Ästhetische zu deuten! Wir können auf solche Stimmen nur warnend hinweisen. Durchschlagen werden gegen sie nur wieder unmittelbare Gewissenseindrücke und Gewissensaussagen.

3. Der Ursprung des christlichen Glaubens nach den neutestamentlichen Aussagen.

Der unhaltbaren Meinung gegenüber, daß das entscheidende Moment fürs Werden unserer sittlich-religiösen Überzeugung und der feste Grund für sie nicht in jenen Operationen diskursiven Denkens oder jenen verständigen Argumentationen, sondern in einer unmittelbaren Erregung durch innere Eindrücke, einem unmittelbaren Vernehmen, Innewerden, Erfahren u. s. w. zu suchen sei, haben wir auf die allgemeine Entstehung des religiösen Vorstellens und Lebens hingewiesen und auf den Charakter und Ursprung eines sittlichen Bewußtseins und Gewissens, soweit ein solches auch außerhalb des Christentums und auch bei solchen sich kundgiebt, welche den christlichen Glauben und auch den Glauben an Gott überhaupt meinen entbehren zu können. Es fragt sich, ob es mit dem Werden und Grund der spezifisch-christlichen Überzeugung analog sich verhält, ja ob eben hier, wie die Beziehung zu Gott überhaupt, so auch die den Glauben begründende Erfahrung von ihm erst zu einer recht tiefen und wahrhaftigen wird. Wir kommen damit zurück auf die Anschauungen und Aussagen unserer Reformation, von denen wir ausgegangen sind. Vor allem aber haben wir als evangelische Christen jedenfalls danach zu fragen, wie denn nach Jesu und seiner Apostel Zeugnis der Glaube an die in ihnen erschienene Gottesoffenbarung und Heilswahrheit geweckt und begründet werden sollte. Nicht als ob wir theologische Untersuchungen dar-

*) Vgl. „Allgemeine konservat. Monatsschrift" 1892, S. 712.

über bei ihnen erwarten oder in ihr lebendiges, allzeit aufs Leben gerichtetes Wort hineintragen dürften. Aber gewinnen wir nicht doch Licht darüber in der Art, wie sie eben mittelst dieses ihres Wortes zu wirken versuchen und im gleichen praktischen Interesse über den Erfolg und Mißerfolg ihres Wirkens sich äußern? Dabei darf ich verweisen auf meine schon oben (S. 54) erwähnte allgemeine Ausführung über „Religion nach dem N. Test.", Theol. Stud. und Kritiken 1888 S. 1—102.

Gerade aufs eigene Verfahren Jesu hat man nun freilich für jene von uns abgewiesene Meinung sich berufen: indem er Wunderwerke gethan und sie recht nachdrücklich, und zwar besonders in dem sonderlich geistlichen Johannes=Evangelium als Zeugnisse seiner göttlichen Sendung dem Volke vorgehalten habe, wolle er ja offenbar durch einen verständigen aus diesen Zeugnissen gezogenen Schluß den Glauben begründet haben. Aber wir haben darauf nicht bloß nach dem schon oben (S. 41) Ausgeführten zu entgegnen, daß jene Wunder wenigstens für uns, die sie nur aus alten fremden Berichten kennen, nicht mehr die gleiche Überzeugungskraft haben könnten, wie für diejenigen, welche selbst sie erlebten, sondern jene entscheidende Bedeutung können wir ihnen trotz der dafür angeführten Aussprüche Jesu nach Jesu wirklichem Sinn auch fürs Gläubigwerden der damaligen Augen- und Ohrenzeugen nicht beimessen. Wir haben in dieser Hinsicht zu wiederholen, was längst von neueren Theologen, und zwar auch von entschieden wundergläubigen, bemerkt worden ist; daß aber die Wiederholung nicht überflüssig sei, kann uns namentlich wieder Königs Ausführung zeigen.

Daß jedenfalls nicht für aller Überzeugung jener Schluß aus den Wundern das Entscheidende sein sollte, ergiebt sich ja schon aus Jesu gewichtiger Seligpreisung derjenigen, die nicht sehen und doch glauben (Joh. 20, 29). Denn für diese soll ja doch offenbar nicht die sichtbare sinnliche Thatsache und der Schluß aus ihr, sondern vielmehr etwas Übersinnliches das Entscheidende sein, und man hat kein Recht, die Worte, wie man nach König thun müßte, dahin umzudeuten: die doch glauben — nämlich um des Sichtbaren willen, das sie nicht selbst gesehen, jedoch durch die Überlieferung von Augenzeugen vernommen haben. Soll aber unser Glaube und der Glaube der ersten Jünger seinem Inhalt, Charakter und Werte nach derselbe sein, dann doch gewiß auch seinem wesentlichen Grund und Ursprung nach. Überdies wissen wir ja, daß Jesus auch damals schon einen Glauben gewünscht hätte, der der Zeichen und Wunder nicht bedurfte (Joh. 4, 48). Davon kann ohnedies keine Rede sein, daß er mit seinen Wundern Anerkennung für sich womöglich hätte erzwingen wollen. Fordern die Leute von ihm Wunder noch höherer Art als diejenigen, die er vor ihnen gethan, so versucht er nicht etwa, ihrer Forderung nachzukommen, sondern verweist sie auf ein ganz anderes Gebiet (Matth. 16, 1 ff.; Joh. 6, 30 ff.). Wo die Menge ihm den Glauben versagt und nur wenige bei seiner Wunderthätigkeit Hilfe für sich suchen (wie Mark. 6, 5), da beschränkt er sich mit seinem Wunderthun auf diese.

Daß dann durch seine gesamte Offenbarung in Wort und That und seine gesamte Selbstdarstellung wenigstens bei einem Teil der Augen= und Ohrenzeugen fester Glaube und richtiges Verständnis für ihn erzeugt wird, das erklärt Jesus aus einem Wirken Gottes selbst, worunter man nur eine unmittelbare Einwirkung aufs innerste jener Subjekte verstehen kann, die ihnen eben im Verkehr mit seiner objektiven Person, unter der Beschäf= tigung mit seinen objektiven Worten und Thaten und unter ihrem eigenen Reflektieren hierüber zu teil wurde. Sie, und nicht das äußere Sehen und Hören der Subjekte, noch auch ihr eigenes Reflektieren, ist also das Ent= scheidende für ihren Glauben geworden. So redet Jesus Joh. 6, 44 von einem „Ziehen" des Vaters zu ihm hin (vgl. Stud. u. Krit. a. a. O., S. 44); und er meint damit nicht etwa nur eine erste Gefühlsanregung, auf welche hin ein verständnisvoller und fester Glaube dann doch erst als Ergebnis verständiger menschlicher Reflexion zu stande komme, sondern wesentlich jener Zug ist es, vermöge dessen sie (V. 45) „von Gott Gelehrte" werden, in= dem sie darin „von Gott hören und lernen". So erklärt Jesus speziell dem Petrus Matth. 16, 17, daß es ihm nicht Fleisch und Blut, sondern der Vater im Himmel geoffenbart habe. Von selbst aber versteht sich, daß zu diesem Wirken von seiten Gottes immer Innewerden von seiten des Menschen gehört: er muß sich von jenem Zuge zunächst unwillkürlich berührt und ergriffen finden.

Das Wort Matth. 16 will König *) gegen E. Haupt **), der sich darauf gegen ihn berufen hatte, so deuten: „Es wollte nicht aussagen, daß Gott die Argumente zur Anerkennung der Ansprüche Jesu dem Simon gewährt habe, sondern daß er diese Argumente zu ihrem Triumphe in den Seelen= gängen des Simon habe gelangen lassen; Christus wollte aussprechen, daß die Hindernisse — eben Fleisch und Blut, Selbstsucht, Sinnlichkeit u. s. w. — — durch Gottes Leitung und Hilfe bei Simon besiegt worden seien". Zu den objektiven Voraussetzungen für das Erwachen von Simons Glauben habe Christi Vater diejenige Voraussetzung hinzugefügt, welche durch Fleisch und Blut hätte verweigert werden können, nämlich die subjektive Bereit= willigkeit; er habe so sein durch Christi Sendung und Leistungen in Petrus begonnenes Werk zum Abschluß gebracht. Aber man hat kein Recht, das

---

*) „Die letzte Instanz des bibl. Glaubens" S. 8.
**) Haupt, „Die Bedeutung der heil. Schrift" S. 83 f.

Befondere und Große, was Gott dem Simon zu teil werden ließ, auf das Negative zu beschränken, daß er Hindernisse bei ihm befeitigte. Und wie follte denn diefes Negative sich vollzogen haben, wenn nicht durch ein positives Einwirken? und dann doch gewiß nicht etwa durch neue Verstandesgründe, die er ihm irgendwie beigebracht hätte, fondern durch befondere Einwirkungen und Eindrücke auf fein Herz, durch die er ihm, nach einem paulinischen Ausdruck (Eph. 1, 18), die Augen des Herzens öffnete und licht machte. Die führten dann bei ihm fo zum „Abschluß", daß eben sie das Entscheidende für ihn wurden. Auch hiermit ist die Bedeutung jenes Objektiven fürs Werden des Glaubens, die König gewahrt haben will, keineswegs, wie diefer dort weiter fagt, „in Abrede geftellt". Denn jene kamen über ihn und erfaßten und durchdrangen ihn eben, indem Jefus mit feiner Offenbarung ihm sich darstellte; fo hat ja auch Haupt a. a. O. erklärt: „In, mitten und unter dem Worte des Evangeliums naht sich der lebendige Gott dem Menschenherzen." Dazu nehme man die Worte des Petrus bei Joh. 6, 68: daß Jefus Worte ewigen Lebens habe, hat er felbst erfahren; aus feiner eigenen Erfahrung heraus spricht er diefes Bekenntnis aus, wie Godet (in feinem Kommentar) fagt, als Echo des Ausspruchs Jefu V. 63: „Meine Worte find Geist und Leben." Und als Ausdruck feiner Erfahrung und des unendlich hohen, überwältigenden Eindrucks, den er vom Herrn empfangen, paßt dann auch trefflich die Bezeichnung, die er ihm ehrerbietig giebt (V. 69): „der Heilige Gottes"; fehr mit Unrecht schien es Godet „schwieriger, diefe hier an ihrem Platze zu finden".

An folche innere Wirkungen haben wir zu denken, wenn Paulus das Evangelium eine Kraft Gottes nennt (Röm. 1, 16; 1 Kor. 1, 18): an fein inneres Wirken in den Gläubigen, damit fie wirklich des ewigen Lebens teilhaftig werden, und vor allem schon an diejenigen Wirkungen in den Hörern, vermöge deren fie zum Glauben und fester Überzeugung gelangen follen (1 Theff. 1, 5 f., 2, 13). Mit Recht bezieht man auf die Art, wie hiernach Paulus diefe Überzeugung durch fein Wort hervorzubringen wußte, feine Aussage 1 Kor. 2, 4 und überfetzt hier die freilich exegetisch streitigen Worte ἐν ἀποδείξει πνεύματος καὶ δυνάμεως mit „Beweis des Geistes und der Kraft". Den Überredungsversuchen, die einer etwa mit menschlichen Weisheitsreden zu gunsten der christlichen Wahrheit hätte machen mögen, stellt er denjenigen Beweis gegenüber, welchen bei feiner Verkündigung Geist und Kraft übten, nämlich Gottes Geist und die eben ihm eigene Kraft. Und wir können hierbei wieder nicht etwa an neue Verstandesargumente denken, die der Geist kräftig dem Apostel und durch ihn den Lefern beigebracht hätte, noch auch an die vom Apostel in Kraft des Geistes vollbrachten äußeren Wunder*), sondern nur an eine besondere Geisteskraft, die im apostolischen Wort und durch dieses unmittelbar auf die Herzen der Hörer wirkte. Auch diejenige weitere Ausführung, welche Paulus der von ihm verkündigten Wahrheit und den zu ihr gehörigen göttlichen Ratschlüssen und Geheimnissen für die „Vollkommenen" (1 Kor. 2, 6) gab, ist davon zu unterscheiden. Sie meint er mit der Weisheit, die er unter diesen rede, während jener Beweis des Geistes und der Kraft schon für die Anfänger im Glauben und eben zum Behuf des Glaubensanfanges sich vollzieht. Man sieht so in dem Ausspruch mit Recht eine Hauptstelle für das Testimonium Spiritus sancti im Sinn unserer Dogmatiker.

Stets müssen wir auch den engsten unmittelbaren Zusammenhang im Auge behalten, den im apostolischen Worte die Zeugnisse von Gott, Christus, den göttlichen Ratschlüssen und Heilsthaten mit den sittlichen Forderungen Gottes an uns haben (vgl. „Stud. u. Krit." a. a. O., S. 35): eben mit diesen wollen auch jene an Herz und Gewissen bringen. Es ist und bleibt eine „Predigt zur Buße und Vergebung der Sünden" Luk. 24, 47, — so dann auch der Erfolg vor allem ein „Durchbohrtsein des Herzens" und daraufhin ein freudiges Aufnehmen des Wortes (Apostelg. 2, 37. 41).

Während hiernach der Glaube auf einem göttlichen Wirken oder auf höheren Eindrücken, die im Innern vernehmbar werden, ruht, ist er nach denselben neutestamentlichen Aussagen (Röm. 1, 5. 16, 26) ein „Gehorchen" von seiten des Menschen, sofern dieser den göttlichen Zeugnissen und Eindrücken in sich Raum giebt, ihnen sich ergiebt u. s. w. (vgl. „Stud. u. Krit." a. a. O., S. 36).

Und nach dem bedeutungsvollen Ausspruch Jesu Joh. 7, 17 ist durch ein Verhalten unseres eigenen Willens unsere Erkenntnis vom göttlichen Ursprung und Charakter seiner Lehre auch schon von Anfang an bedingt. Ich habe diesen Ausspruch schon früher (a. a. O., S. 46) erörtert und kann dabei nur bleiben, auch nach den Erklärungen von König („Der Glaubensakt" u. s. w. S. 98, „Die letzte Instanz" u. s. w. S. 19). Wer willig ist, dem Willen Gottes nachzukommen, wo und soweit dieser sich ihm einmal bezeugt hat, der wird auch des Ursprungs der Lehre Jesu inne werden, indem er immer mehr auch jene inneren göttlichen Wirkungen oder jenen Zug des Vaters erfahren und indem immer mehr sein inneres Auge für alles, was für das Urteil über jenen Ursprung in Betracht kommt, ge-

---

*) Vgl. bei Origenes und Chrysostomus, dagegen besonders bei Godet in s. Kommentar; auf die in jenem falschen Sinn verstandenen Worte bezieht sich auch Lessings Aufsatz „über den Beweis des Geistes und der Kraft" mit seinem bekannten Satze: „Zufällige Geschichtswahrheiten (wie eben jene Wunder) können der Beweis von notwendigen Vernunftwahrheiten nie werden."

schärft werden wird.*) Für ein solches Innewerden oder Erkennen behalten wieder die objektiven, historischen Indizien ihre volle Geltung: Jesus selbst hebt dort sofort (B. 18) das für jenes Urteil wichtige und allen vorliegende Indizium hervor, daß er ja nur seines Senders Ehre suche; aber daß man dasselbe recht beachte, aufnehme und gebrauche, ist eben wieder dadurch, daß man Willigkeit für Gottes Willen hat, bedingt. Mit Unrecht denkt König bei dem Anspruch anstatt an die gesamte Lehre Jesu nur speziell an seine Forderungen im Unterschied von den Verheißungen und findet dann darin nur, daß einer, der jene Willigkeit habe, aus der Gleichartigkeit der von ihm schon für göttlich anerkannten Forderungen mit der Lehre Jesu die Begründetheit des Selbstzeugnisses Jesu erkennen werde. Allerdings aber haben wir bei diesem Ausspruch an das zu erinnern, was auch abgesehen von der spezifisch-christlichen Wahrheit jeder bei andern und sich selbst bezüglich derjenigen Folgen erfahren kann, die das eigene Willensverhalten zu den im Gewissen vernommenen sittlichen Forderungen für das sittliche Erkennen und das Gewissen selbst hat (oben S. 71).

4. Die innere christliche Erfahrung nach neueren Theologen.

Mit Fug und Recht dürfen wir sagen: Die inneren, durch Gottes Wort und Geist gewirkten Vorgänge, in welchen der christliche Glaube schon ursprünglich, bei Jesu geschichtlicher Selbstoffenbarung, seinen Ursprung und festen Grund hatte, sind wesentlich eins mit denjenigen, von welchen wir einen Luther (oben S. 8 ff.) reden hörten. Wie ihm die Bedeutung des Glaubens für die Rechtfertigung und Seligkeit unter seiner persönlichen Erfahrung und seiner Vertiefung in Gottes Wort richtiger und klarer, als irgend einem andern uns bekannten Theologen seit der apostolischen Zeit wieder zum Bewußtsein gekommen ist, so auch jener Ursprung und innere Grund des Glaubens. Mit Recht gehen wir besonders in der Gegenwart, die dringender als irgend eine andere Zeit Rechenschaft über die hierauf bezüglichen Fragen fordert, zugleich auf ihn und die heilige Schrift zurück, um im Hinblick auf die neutestamentliche Offenbarung noch bestimmtere Antwort auf die verschiedenen in diesen Fragen enthaltenen Momente zu suchen.

---

*) Vgl. Bengel, Gnomon N. Ti, ed. VIII. op. [P. Steudel, z. d. St. (e. scr. rel.): „active: er wird es nicht in suspenso lassen, er wird's untersuchen; passive: wer den Willen Gottes thun will, dem wird das Licht aufgehen, er wird erleuchtet werden. . . . Wenn man die verzweifelt bösen, atheistischen Zeiten siehet, kann man sich an dieses Dittum halten, und es ist eine tabula in naufragio fidei, die schon manchen errettet hat."

Vergessen wir indessen nicht, daß auch in den Zeiten, wo die herrschende Theologie jenen ungenügenden Beweisführungen voll vertraute, darum doch das Bewußtsein von der Bedeutung des testimonium Spiritus nicht untergegangen ist, daß ferner die neue evangelische Theologie unseres Jahrhunderts keineswegs etwa erst in allerneuester Zeit wieder die Bedeutung des innern Erfahrens, Erlebens u. s. w. gewürdigt, vielmehr längst, und zwar auch von verschiedenen Standpunkten aus, mit ihr sich beschäftigt hat.

Wie hat doch der **Pietismus** in seinen edelsten und ernstesten Vertretern auf jenes Zeugnis lebendig zurückgegriffen, — wahrhaft praktisch, freilich ohne streng-wissenschaftliche Auseinandersetzung, auch mit dem alten Mangel einer Unterscheidung zwischen dem Glauben an den Inhalt der christlichen Offenbarung und dem Glauben an die Autorität und Inspiriertheit der heiligen Schriften. So redet S p e n e r „von der Versicherung der Wahrheit göttlichen Wortes“: der Glaube sei eine Wirkung des Geistes, der ihn in den Seelen hingebender Hörer und Leser des Wortes entzünde; auf sein Zeugnis 1 Joh. 5, 6 komme es in unsrer Seele an; zu diesem Behuf müsse man nicht nur desto fleißiger das Wort lesen und den himmlischen Vater um seine Gnadenwirkung anrufen, sondern auch dasjenige, was wir von seiner Wahrheit bereits erkannt haben, gleich mit solcher Dankbarkeit annehmen, daß wir in Gehorsam Frucht davon bringen („Theol. Bedenken“ Bd. 1, S. 35). Zugleich kommt so auch die Mahnung Joh. 7, 17 wieder zu ihrem Rechte. — In Z i n z e n d o r f s Gefühlschristentum und Bluttheologie droht freilich ein schwärmerischer und phantastischer Subjektivismus, der von den reformatorischen und neutestamentlichen Anschauungen sehr unterschieden werden muß. Aber in seinen Grundgedanken finden wir diese doch wieder und wir haben hiermit bei ihm die bedeutendste Kundgebung einem orthodoxen und rationalistischen Intellektualismus gegenüber: Religion und Christentum Sache des empfindenden Gemütes, in das vom geschichtlichen, menschgewordenen und gekreuzigten Christus aus der Silberblick der göttlichen Wahrheit gedrungen und für welches diese nun nicht etwa wandelbarer, sondern fester und sicherer als eine aus dem begrifflichen Denken hervorgegangene Erkenntnis geworden sei; daneben die sinnliche Empfindung und der ihre Objekte durchdenkende Verstand auf den weltlichen Gebieten; zugleich aber auch eine Fassung des auf jene Weise aufgenommenen Offenbarungsinhaltes in „faßliche Begriffe“, die indessen mehr nützlich als notwendig seien.*)

---

*) Vgl. besonders B. Becker, „Zinzendorf im Verhältnis zu Philosophie und Kirchentum u. s. w.“ 1886; H. Plitt, „Zinzendorfs Theologie“ (Bd. 2, S. 286).

Bei der neueren evangelischen Theologie mit ihrer Beziehung auf die uns vorliegende Frage haben wir speziell an die deutsche Theologie zu denken und hierbei einerseits ans tiefere Eindringen ins Wesen christlicher Religiosität unter der Einwirkung des neu geweckten inneren Lebens selbst und zugleich unter dem Einfluß der Schleiermacherschen Religionswissenschaft, andererseits an die gerade in der neuesten Zeit vollends recht erstarkte und durchgreifende Kritik aller der sogenannten Beweisgründe des Verstandes für die religiöse Überzeugung.

Daneben haben wir indessen auch an eine religiöse Neubelebung oder Erweckung im englischen und französischen (und französisch-schweizerischen) Protestantismus zu erinnern, die dieser vorzüglich methodistischen Anregungen verdankte, und an den Antrieb, auf die inneren Erfahrungen zurückzugehen, den auch dort die theologische Wissenschaft erhielt. Wir haben in dieser Beziehung hier wenigstens die geist- und lebensvollen Ausführungen Alexander Binets hervorzuheben. Die Grundgedanken, die er schon vor mehr als einem halben Jahrhundert vortrug, treffen ganz mit denjenigen zusammen, welche bei uns gerade gegenwärtig mit Recht sich mächtig geltend machen, während freilich er vielmehr nur in beredter Rede von ihnen gezeugt, als sie mit wissenschaftlicher Schärfe und Bestimmtheit begründet und entwickelt hat. Für sein eigenes inneres Leben erhielt er besonders von jenem réveil aus Anregung. Grundzug seines Charakters aber war die persönliche Selbständigkeit und Gewissenhaftigkeit im Aufnehmen der sittlich-religiösen, christlichen Wahrheit. Da wirkten bei ihm mit jenen Anregungen die „Bemerkungen" (remarks), des schottischen Schriftstellers Thomas Erskine „über die innere Evidenz für die Wahrheit der geoffenbarten Religion" (v. J. 1820) zusammen.[*] Der Glaube im biblischen Sinn war hier als ein gewisser moralischer, geistlicher Zustand bezeichnet und zurückgeführt auf die erweckende Wirkung der durch Christus erfolgten Offenbarung der Liebe; zum eigentlichen Kriterium für die Wahrheit des Christentums war die Übereinstimmung mit des Menschen geistlicher Natur und seinen tiefsten geistlichen Bedürfnissen gemacht. Für die Betrachtung dieser Bedürfnisse und der Beziehung des Christentums auf sie sah Binet vorzüglich in dem ernsten christlichen Denker Pascal einen Vorgänger und ein Vorbild. Zugleich wird uns berichtet, daß zur Bildung seines philosophi-

---

[*] Über Thom. Erskine (1788—1870) s. Steube, Evangel. Apologetik, S. 145 f., Ph. Schaff, Religious Encyclopaedia, Vol. 1, p. 757, Encyclop. Britan.⁹, Vol. 8, p. 530 f., Theol. Stud. u. Krit. 1892, S. 615, 627. In Herz. Realenc.², Bd. 18, S. 827, wird er mit Ebenezer Erskine (1680—1754) verwechselt. Die Remarks sind übersetzt von Leonhardi, „Bemerkungen über die Gründe der Wahrheit der geoffenbarten Religion", Leipzig 1825.

schen Denkens hauptsächlich K a n t s Schriften beigetragen haben: hieran
werden wir erinnert durch seine Abneigung gegen dogmatische, spekulative,
metaphysische Systeme als solche, wogegen er vielmehr zum lebendigen Blick
auf den gekreuzigten Christus nach 4 Mos. 21, 9, Joh. 3, 14 f. ermahnt.
Und dabei denkt und redet er als ein Mann freier, reicher, allgemeiner Geistesbildung; er war ein Meister in der Geschichte der französischen Litteratur,
während man verneinen konnte, daß er „ein Theologe im technischen Sinne
des Wortes" gewesen sei (so R ü e g g in „Herz. Realenc." ² Bd. 16, S. 529).

Wie sehr die Grundgedanken dieses nichtdeutschen evangelischen Christen
es verdienen, gerade bei den gegenwärtigen Verhandlungen unserer deutschen
Theologie in Erinnerung gerufen zu werden, wird eine kurze Zusammen-
fassung derselben zeigen*). Die Welt, sagt Binet, hat Gott für uns
nicht bloß zum Schauplatz unserer Thätigkeit, sondern auch zum Gegenstand des Studiums gemacht und zwar so, daß wir in die Geheimnisse
der Natur mit unseren intellektuellen Fähigkeiten ohne direkten Einfluß
unserer Herzensdispositionen einzudringen haben. Anders verhält es sich
mit den Wahrheiten des Evangeliums —, nämlich nicht etwa abstrakten
Wahrheiten bezüglich des göttlichen Wesens an sich, dessen Erkenntnis für
uns unzugänglich nnd unnütz ist, vielmehr Wahrheiten, welche unsere Beziehungen zu Gott betreffen. Hiermit hat das Herz, das Gewissen, der
moralische Sinn zu thun und das Herz muß ergriffen sein (touché), das
Herz geöffnet, wie Gott es der Lydia (Apg. 16, 14) aufthat. Auch unsere
Naturkenntnisse übrigens entstammen ja nicht direkt dem denkenden Verstande (raison), sondern zuerst den Sinnen. Andererseits tritt dann auch
zum moralischen Sinn die Intelligenz hinzu — die Eindrücke beobachtend,
vergleichend, ordnend. — Dabei hat Binet in seinen Discours jene innere
Bewegung oder jenes Gefühl des Herzens zunächst gleich als Liebe bezeichnet. Weiterhin aber stellt er sehr bestimmt als erstes den Glauben
hin, sofern dieser Sache des Herzens, des Gewissens, des Willens ist.
Derselbe ist ein Akt, nicht ein Zustand. Man ist in ihm nicht durch Beweise überwunden, man unterwirft sich darin dem Zeugnis des Gewissens.
Er ist von Gott in uns gewirkt und ein Werk nach Gottes Herzen. Und
die Seele wird in ihm gewissermaßen schöpferisch, indem sie die Wahrheit
nicht schafft, aber sich aneignet, für sich wirklich macht: eine Idee wird für
sie im Glauben zu einer beständig gegenwärtigen Thatsache. Auf das
Wort eines Zeugen stützt sich unser Glaube, indem unsere Seele die Seele

---

*) Zum Folgenden vgl. Binets Discours sur quelques sujets religieux
1831, Nouveaux discours etc. 1841, Études évangéliques 1847, dazu R ü e g g in
Herz. Realenc. Art. Binet.

desselben durchdrungen und seine Autorität anerkannt hat. Eben dieser Glaube bringt die sittliche Umwandlung mit sich und schließt sie in sich: er rettet uns, weil man in ihm ins Herz aufnimmt, was dieses zu ändern geeignet ist. Der Glaube selbst ist That; und der Glaube, den man schon hat, gebietet Werke zu thun und zwar namentlich auch innere Werke geistlicher Zucht an sich selbst. Wiederum bringt eben dieses Thun einen noch besseren Glauben hervor gemäß jenem Ausspruche Jesu (Joh. 7, 17). Ein solcher Glaube hat wahrhafte Gewißheit. — Über die historischen Beweise für unsern Glaubensinhalt, deren Vernachlässigung man ihm vorgeworfen hat, erklärt Binet selbst (Études évangéliques, p. 196 f.): es sei evident, daß Gott gewollt habe, seine Religion, welche eine Geschichte sei, sollte Beweise haben gleich denen jeder andern Geschichte; man müßte, um diese Absicht Gottes zu verkennen, die Bibel nicht geöffnet haben, müßte, um sie zu verachten, Gott selbst verachten. Man müsse Gott preisen für die feste Stütze, die er hier unserer Schwachheit gegeben habe. Man solle doch ja diese Beweise studieren, die von den einen mit Unrecht verachtet, von andern leichtsinnig vernachlässigt werden. Aber ein dreifaches bleibe doch gewiß: diese Beweise werden den Unglauben nie zum Schweigen bringen; wenn man auch schon auf sie hin geglaubt habe, so müsse doch dazu als das Wichtigere der eigentliche Glaube kommen, nämlich das, daß man in der eigenen Seele mit den durch den Geist angenommenen Wahrheiten innerlich eins werde (s'identifier avec les verités); und dieses zweite vollende glücklicherweise nicht bloß jenes erste, sondern reiche auch für sich schon aus und ersetze jede andere Demonstration. — Wir haben auch schon bemerkt, welche Bedeutung Binet neben jenem moralischen Sinn und jener inneren Erfahrung, die in unmittelbaren Kontakt mit den Objekten tritt, doch noch der Intelligenz einräumt oder dem Verstand (raison), der das logische Band zwischen den Thatsachen der Erfahrung aufnimmt. — Nirgends freilich finden wir bestimmtere Erklärungen und Untersuchungen darüber, wie weit die in der heiligen Schrift berichteten geschichtlichen Thatsachen nun zum eigentlichen Inhalt jenes Glaubens gehören, oder wie weit jene Wahrheiten, welche Gegenstand der Erfahrung und, wie Binet auch sagt, einer unmittelbaren, zusammenschauenden Intuition werden, auch denkend zusammengefaßt und in Begriffen ausgeprägt werden können und sollen. Er pflegt nur den allgemeinen Inhalt des Evangeliums recht dringend ans Herz zu legen und dabei namentlich vor jeder Herabsetzung des Heilandes Christus zu warnen: Gott hat uns mit ewiger Liebe geliebt und seinen Sohn geschickt, uns zu retten; der gekreuzigte Christus versöhnt uns und tritt ohne Unterlaß für uns beim Vater ein; wo man nicht auf ihn als den Gekreuzigten blickt, wirken die erhabensten und auch notwendigsten

Spekulationen über Jesus Christus austrocknend, ja tötend*). — Kein Wunder, wenn Binet von Gegnern teils für einen Mystiker erklärt worden ist, teils auch für einen Rationalisten. Kein Wunder auch, wenn manche jüngere Theologen, die er angeregt hatte, wirklich einem modernen Rationalismus zufielen: daraus ist nicht zu schließen, daß seine eigene Anschauung sich wirklich einem solchen zuneigte, sondern nur, daß sie nach dieser Seite hin nicht bestimmt genug ausgeprägt und vorgetragen war.

Unter den deutschen Theologen hat dahin, daß der ganze Inhalt der Glaubenssätze aufs innere Leben, Gefühl, unmittelbares Innewerden bezogen werde, am stärksten ohne Zweifel Schleiermacher gewirkt. Aber gerade bei ihm bleibt man, wie wir schon im Eingang (oben S. 1) bemerkten, vor der Frage stehen, ob und mit welchem Rechte man als frommfühlender Mensch und Christ auch von einem objektiv Göttlichen und seiner Beziehung auf uns sicher überzeugt sein dürfe und müsse und hierfür eben in jenen inneren Vorgängen festen Grund finde. Auch die Bedeutung, welche für jenes Überzeugtwerden und für jene inneren Vorgänge selbst das eigene gottgemäße Wollen, Streben und Verhalten hat (vgl. Joh. 7, 17), kommt gerade bei ihm nicht zur Geltung, obgleich er das Christentum als eine der teleologischen Richtung der Frömmigkeit angehörige Glaubensweise betrachtet haben will. Zu gleicher Zeit trat ein spekulatives Denken mit dem Anspruch auf, selbst jene höchsten Wahrheiten feststellen zu können, und zugleich mit der Aufforderung an denkende Theologen und Christen, den wahrhaften Gehalt der christlichen Glaubens- und Offenbarungsaussagen eben in den durch jenes Denken gewonnenen Ergebnissen anzuerkennen. Namentlich behauptete bekanntlich die Hegelsche Philosophie den Inhalt, welchen der christliche Glaube in der Form bloßer, sinnlicher Vorstellung besitze, in der adäquaten Gestalt des Begriffes darzustellen. Eindringende Untersuchungen darüber, was für die Begründung christlicher Überzeugung teils das Gefühl, teils Verstandesgründe, teils die irgendwie festgestellte Autorität der heiligen Schrift zu bedeuten haben, vermissen wir sehr auch bei einem so feinfühlenden und feindenkenden, überzeugungsfesten evangelischen Theologen wie K. J. Nitzsch. Von religiösem Selbstbewußtsein aus hat Rothe durch Spekulation oder in einem durch Begriffsdialektik hervorgebrachten Gedankenaufbau die christliche Wahrheit wiederzugeben und festzustellen versucht: daß der Bau vor einer unbefangenen Kritik nicht bestehen und vollends nicht der Glaubensüberzeugung zur festen Stütze dienen kann, werden wir hier nicht auszuführen brauchen.

Daß die Wahrheit und Wirklichkeit dessen, was wir Christen glauben

---

*) Études évang., p. 56; in Herz. Realenc. 16, 532 ungenau wiedergegeben.

follen, durch innere Erfahrung gewiß und feft für uns werden könne und
müffe, hat in der neueren Dogmatik, fo weit ich fehe, zuerft aufs ent-
fchiedenfte nicht etwa ein Schleiermacherianer und vollends nicht ein foge-
nannter fpekulativer Theologe, fondern der ftreng bibelgläubige J. T. Beck
behauptet und ausgeführt: in feiner Einleitung in das Syftem der chriftlichen Lehre vom Jahre 1838 fchon wefentlich ebenfo, wie dann noch reicher
und voller und fließender in den 48 Jahre fpäter nach feinem Tode heraus-
gegebenen Vorlefungen über chriftliche Glaubenslehre. Das Chriftentum,
fagt er fchon dort, will die Wirklichkeit deffen, was es behauptet, dadurch
erweifen, daß es Geift und Kraft im abfoluten Sinn real in fich darlegt
und zur Erfahrung bringt, vgl. 1 Kor. 2, 4 f. Er fpricht das aus im
Gegenfaß gegen eine Ableitung aus Ideen oder irgend einer Welterfahrung.
Und es ift wefentlich das Gewiffen und der „moralifche Lebensfinn", für
welchen nach ihm das Chriftentum fo fich legitimiert; es bringt auf einen
Sinn, der von Gott getrieben wird und nach Gott fucht, vgl. Joh. 7, 17;
vor allem wird durch den fittlichen Ernft feiner Anfprachen ein inneres
Gewiffensgericht erweckt (Vorlefungen Bd. 1, S. 406 ff., vgl. S. 67 ff.)*).
An denfelben innern Sinn wendet fich Beck (ebendaf. S. 408 ff.) mit
feiner Darftellung der in Jefu gefchichtlicher Erfcheinung und Wirkfamkeit
charakteriftifch hervortretenden göttlichen Züge der Menfchennatur. Das
äußerlich Wunderbare, welches von andern zum Beweismittel fürs Chriftentum gemacht wird, follte nach ihm zunächft nur religiöfes Anregungsmittel
mit entfchiedener Hinweifung auf jenen innern Erkenntnisweg fein (ebendaf.
S. 406). In den Gläubigen tritt dann ein weiter fortfchreitender moralifch-
religiöfer Prozeß ein, worin fie zunächft den fie anfprechenden Charakter-
zügen Jefu und feinen Lehren fich zu affimilieren fuchen. So glaubt man
dann Erklärungen Jefu und der Seinen über den eigentümlich göttlichen
Urfprung diefes geiftigen Lebens nicht mehr auf bloße Autorität, fondern
erhält fie verfiegelt im innerften Lebensbewußtfein.

Mit dem Saß aber, daß der Inhalt der chriftlichen Offenbarung fo
fich legitimiere, verbindet fich nun bei Beck fofort der andere: in den
apoftolifchen Schriften, die uns von diefer Offenbarung zeugen, legitimiere
fich für uns eine Geifteskraft, vermöge deren wir an eine göttliche Autorität
derfelben glauben, und den göttlichen Geiftesftempel im weiteren Sinn
tragen auch die biblifchen Schriften überhaupt. Er hält hierbei in feinen
Ausführungen viel mehr, als unfere Reformatoren thaten, das auf den
Schriftinhalt und das auf die Entftehung und Autorität der Schrift be-

---

*) Vgl. für die Bedeutung von Becks Säßen auch O. Ritfchl, Theol. Stud.
u. Krit. 1892, S. 171.

züglige Geisteszeugnis auseinander, unterscheidet auch verschiedene Stufen der Theopneustie, läßt ferner die Unterscheidung zu zwischen Gegenständen, welche in wesentlichem Zusammenhang mit der Offenbarung stehen, und solchen, bei welchen dies nicht der Fall ist und auf welche wir so auch das höhere Geisteswissen und Geisteszeugnis nicht auszudehnen haben. Aber thatsächlich läßt er die gesamte Schrift im wesentlichen ebenso wie unsere alten Orthodoxen für infallibel gelten, ohne die entgegentretenden Fragen, die aus jenen Unterschieden auch für einen Bibelgläubigen sich erheben möchten, unbefangen zum Worte kommen zu lassen. Indem jene Offen= barung nach ihm ein System himmlischer Realitäten oder einen göttlichen Lebens= und Reichsorganismus offenbart und den Aufbau eines ganzen neuen Menschen= und Weltlebens in Geist und Leib, Natur und Geschichte vorbereitet, geht er in seiner Darstellung der Glaubenswahrheit davon aus, daß dieser Inhalt ebenso, wie er in der Schrift vorgetragen sei, durchweg auch jenem innern Sinn sich bewähre, und sucht ihn so einfach aus der Schrift als ein objektives, in sich organisiertes Ganzes zu entnehmen. Wie= viel Raum und Stoff für eine Kritik bietet sich hier gerade auch dem dar, der mit jenen prinzipiellen Aussagen Beck's über die Begründung unserer Überzeugung auf jenen Beweis des Geistes und der Kraft übereinstimmt! — Beck erklärt zugleich: indem einem jenes Licht im eigenen Innern über die Offenbarungswahrheit aufgehe, möge einem manches in der Schrift= offenbarung noch dunkel bleiben, man habe aber in eben jenem Lichte die Bürgschaft dafür, daß auch dort derselbe Geist der Wahrheit sich einem bei treuem Forschen noch zu erfahren gebe; und aus dem für die Ge= meinde bestimmten Schriftkanon dürfe der einzelne nicht solche Partien verdrängen wollen, die für ihn noch nicht göttlich bewährt, also auch noch nicht selbständiger Glaubensgegenstand geworden seien (Einleitung u. s. w. S. 215, Vorles. Bd. 1, S. 480). Gewiß kann man auch diesen Sätzen beistimmen und doch zugleich eine von Beck versäumte kritische Untersuchung darüber fordern, ob gewisse Partien den gegen sie sich erhebenden Bedenken gegenüber sich überhaupt wirklich und in jeder Beziehung durchs höhere Geisteszeugnis bewähren.

Nächst Beck und neben Beck ist vornehmlich J. Chr. K. Hofmann auf innere Erfahrung oder inneres Erleben mit seinen dogmatischen Aus= sagen zurückgegangen, und auch er nicht etwa als subjektivistischer Rationa= list, sondern als aufrichtig bibelgläubiger Theologe und er zugleich mit dem entschiedenen Willen und Bewußtsein, beim wahren Glauben und Be= kenntnis seiner Kirche zu beharren: vgl. schon seine Weissagung und Er= füllung", dann besonders die Einleitung zu seinem „Schriftbeweis", dazu A. Hauck in Herz. Realenc. 2 Bd. 6 S. 321 ff. Die Aufgabe, die er sich setzte, und der Gebrauch, den er vom innerlich Erlebten gemacht haben wollte, ist indessen von Becks Hauptgedanken wohl zu unterscheiden. Beck hat den Blick auf jene göttliche Realitäten gerichtet, wie sie, objektiv im Gottesworte sich darstellend, auf jenen inneren Sinn des Subjektes wirken, sich mit Geisteskraft bei ihm legitimieren, den Glauben wecken und so nun auch im Gläubigen selbst zur Lebensmacht werden. Hofmann geht, um zu zeigen, wie die christliche Theologie sich ihres Inhalts zu versichern habe, von dem inneren Lebensstand oder Heilsstand aus, in welchem der Christ als solcher, oder als Gläubiger, als Wiedergeborener wirklich steht. Das Christentum ist ihm gegenwärtiger Thatbestand der in Christo vermittelten Gemeinschaft Gottes und des Menschen. Und dieses Verhältnis zu Gott hat, sagt er, in mir, nachdem ich seiner teilhaftig geworden bin, ein selbständiges Dasein gewonnen, das in sich selbst ruht und unmittelbar gewisse Wahrheit ist, von dem ihm selbst innewohnenden Geist Gottes getragen und verbürgt. Diesen Thatbestand also, der den Christen zum Christen macht, hat die systematisch-theologische Thätigkeit zu entfalten und den mannigfachen Reichtum seines Inhalts darzulegen. Im Schriftbeweise soll sodann nachgewiesen werden, wie dieses also dargelegte und systematisch zusammengefaßte Thatsächliche auch von der Schrift bezeugt sei und ihren eigenen Inhalt ausmache, und zwar sei hierbei die Schrift als ein Ganzes und wesentlich als Denkmal einer Geschichte aufzufassen. — Es ist nach Hofmann wie nach Schleiermacher ein Bewußtsein unserer Lebenszustände, was in den christlichen Glaubensaussagen zum Ausdruck kommt; aber nach ihm ein Bewußtsein, in welchem man jenes Thatbestands der durch Christus vermittelten Gottesgemeinschaft als eines realen und so auch der Realität der ihn begründenden Gottesthaten unmittelbar gewiß ist. — Wesentlich auf diesen Hofmannschen Grundgedanken erhebt sich dann der große Aufbau eines Systems der christlichen Gewißheit und der christlichen Wahrheit, den Fr. H. R. Frank 1870—1880 zur Ausführung gebracht hat. Die christliche Gewißheit ruht ihm auf der sonderlichen sittlichen Erfahrung der Wiedergeburt, wobei ihm die Normalität dieses Zustands der erlebten Umwandlung durch sein unmittelbares Gefühl ebenso bezeugt wird, wie ein von Leibeskrankheit Genesener darüber gewiß wird, ob sein früherer oder sein gegenwärtiger Zustand der seinem Wesen entsprechende sei. Von diesem Thatbestand aus soll der Komplex der in ihm gesetzten Wahrheit entfaltet werden; es soll gezeigt werden, wie aus ihm ihre verschiedenen Hauptmomente theils unmittelbar, theils mittelbar sich vergeben und eben hierdurch für uns gewiß werden, und gezeigt, wie die Realitäten, die dem Christen zugänglich und gewiß werden, ihrem Wesen nach bestehen und in sich ein zusammenhängendes Ganzes bilden. — Vorausgesetzt ist bei den

dogmatischen Ausführungen von Hofmann und Frank, daß jener Thatbestand schon vorhanden sei. Sie glaubten nicht auch das sich zur Aufgabe machen zu müssen, zu zeigen, wie der Glaube, vermöge dessen der
einzelne in diesen Lebensstand eintritt, ursprünglich entstehen und festwerden könne und solle.*) Zu beachten ist indessen auch in dieser Hinsicht,
was Frank in seinem erstgenannten Werke (§ 14), noch ehe er eigens von
der Wiedergeburt handelt, von der sittlichen Erfahrung und der durch sie
begründeten Gewißheit überhaupt gesagt hat: wie das natürliche Ohr die
Schallwellen als Töne empfinde, indem die von außen andringende Schwin-
gung sich in die dafür vorhandenen Organe fortsetze, so werde das Gewissen
der sittlichen Idee inne vermöge des Rapports, in welchem die sittlichen
Mächte zu ihm treten; es bilde gewissermaßen die Resonanz, kraft deren die
sittlichen Schwingungen vom Gebiete der objektiven Realitäten her im Subjekt
wiedertönen; und es sei eine objektive Macht, die sich dem Wahrnehmungs-
organe des Subjekts hier ebenso aufdränge, wie die sinnlichen Realitäten
den Organen der physischen Wahrnehmung sich aufnötigen. — Bei unserer
Untersuchung der Begründung unserer religiösen Überzeugung wird es vor
allem eben um jene Frage, die bei Hofmann und Frank im Hintergund
stehen bleibt, sich handeln.

Nächst Becks ersten Ausführungen, und zwar gerade mit Bezug auf
jene erste Hauptfrage, habe ich ferner meine eigene schon 1859 erschienene
Schrift über den „Glauben, sein Wesen, Grund und Gegen-
stand u. s. w." anzuführen. Ich kann sagen, daß dort auf mich beim
eigenen Streben, den wirklichen, entscheidenden Gründen der Glaubensüberzeugung nachzugehen, auf der einen Seite besonders die kritische Philosophie Kants gegenüber allen Verstandesgründen und Spekulationen,
auf der anderen Seite Becksche Anregungen und persönlicher Gedanken-
austausch mit dem vor mir durch Beck angeregten Auberlen eingewirkt
haben. Das, wodurch jene Überzeugung wesentlich zu stande kommt oder
was für sie das Entscheidende ist, sind laut jener Schrift unmittelbare
Eindrücke, ein unmittelbares Innewerden oder Gefühl, welches sittliches
und religiöses in Einem ist und dessen Eindrücke und Zeugnisse ein sittlich-
religiöses Eingehen und Sichhingeben des Willens und der Gesinnung
fordern. Für die Bedeutung, welche diesem Verhalten fürs christliche
Glauben und Erkennen zukommt, ist auch mir „vorzugsweise bedeutsam
jenes Wort Joh. 7, 17" (a. a. O. S. 77). Die Thatsachen der christlichen Offenbarung werden zu Gegenständen unseres Glaubens erst dadurch,
„daß durch ein fortgesetztes Wirken wir selbst auch innerlich in ihren Be-

---

*) Vgl. auch Frank, Dogmatische Studien, 1892, S. 66.

reich gezogen werden" (S. 48). Vor allem ist das Licht, als welches Jesus sich den Menschen darstellte, ein sittlich erleuchtendes, sittlich uns durch= dringendes, — das Entscheidende für unsern Glauben an ihn der unmittel= bare Eindruck, den sein geschichtliches Bild einem sittlich angeregten Bewußt= sein macht. — Zugleich wird für das biblische Wort, in welchem die heilbringende Offenbarungswahrheit ursprünglich uns dargeboten sei, mit Berufung auf die Erfahrung von dem speziell in ihm lebendigen und wirksamen Geiste ein höherer Charakter und demgemäße Autorität behaup= tet. — Die Tragweite solcher innerer Bezeugungen für die verschiedenen Momente der christlichen Wahrheit und für die verschiedenen Bestandteile der heiligen Schrift und das Verhältnis, worin zu dem, was direkt oder indirekt Gegenstand solchen Zeugnisses wird, die andern Faktoren unseres Erkennens stehen, ist dort nicht genauer untersucht. Keineswegs jedoch zeigt sich die dort vorgetragene Anschauung, während sie mit Beck die Entschei= dung in innerer Erfahrung sucht, mit ihm auch in der Art eins, wie er jene Tragweite versteht und ausdehnt, sein Wahrheitssystem aus dem Inhalt der Schriftaussagen zusammensetzt, kritische, von jenen andern Seiten her sich erhebende Einwendungen ferne hält u. s. w. Zugleich hat dieselbe damals Dorner*) zu der Befürchtung Anlaß gegeben, daß sie, auf ein empirisches Erkennen des Verhältnisses Gottes zu uns sich beschränkend, der christlichen Gnosis oder Spekulation kaum eine Stelle lasse, ja die voll= endete Offenbarung selbst verkürze. — Ich darf auf diese meine erste größere dogmatische Ausführung wohl mit dem Bemerken zurückverweisen, daß also mein heutiges Urteil über die Begründung der religiösen Über= zeugung nicht etwa erst durch seitherige anderweitige theologische oder philo= sophische Einflüsse bestimmt wird, und darf zugleich mich um so mehr freuen, wenn seither andere auch von andern Seiten her zu einer verwandten Auffassung geführt worden sind.

Dorner hat dann in seinem System der christlichen Glaubenslehre 1879 eine ausführliche Darlegung vom gesetzmäßigen Werden des christ= lichen Glaubens vorangeschickt, welche zeigen will, wie hier die unmittel= bare religiöse Gewißheit gewonnen werde. Er selbst bemerkt (S. 27), daß dem hier von ihm eingeschlagenen Wege besonders meine Schrift über den Glauben nahestehe. Hier ist eben auch sein Weg der der innern Erfah= rung oder, wie er nun noch bestimmter sagt, einer innern Anschauung. Der Kontakt des Objekts mit dem Subjekt bringe, so erklärt er, überhaupt eine unmittelbare Gewißheit mit sich; und diese Gewißheit brauche sich

---

*) In seiner Rezension meiner Schrift, Neue Evangel. Kirchenzeitung, 1859, S. 527.

nicht bloß zu erstrecken auf die Gegenwart des Objekts durch Kontakt und auf diejenige Affektion, durch welche das Subjekt ein „unmittelbares, überwältigendes Innewerden des Objekts" während der Dauer des Kontakts besitze; sondern an diese unmittelbare Gewißheit müsse auch eine sie in Betrachtung firierende und bearbeitende Thätigkeit sich anschließen; der überwältigende Eindruck des erfahrenen Objekts erwecke eine Reaktion des Subjekts, durch die es die Anschauung, an die es hingegeben war, firiere und sich objektiv gegenüberstelle, um des Gegenstands geistig mächtig und im einzelnen genau bewußt zu werden. Dies gelte auch für unser Gewißwerden Gottes; und vermöge der göttlichen Allgegenwart und der wesentlichen Bestimmung des Menschen für ein beharrliches Leben in Gott sei es möglich, daß, während Entsprechendes beim sinnlichen Erkennen nicht möglich sei, das Leben in Gott und die aus dem Kontakt mit dem Objekt stammende unmittelbare Gewißheit sich wirklich auch in den vermittelnden Operationen des wissenschaftlichen Denkens über Gott fortsetze und geltend mache. — Wir können übergehen, was Dorner seiner eigentümlichen Methode gemäß erst noch in betreff einer Stufe des bloß historischen Glaubens und weiter in betreff einer dem historischen noch entfremdeten Richtung meinte entwickeln zu müssen. Für die wirkliche religiöse Gewißheit des Christen geht er dann zurück auf den mit dem Gewissen geeinten religiösen Trieb und die auf Erfahrung ruhende sittlich-religiöse Selbsterkenntnis; durch diese, durch die Trauer über sich selbst und den Zweifel am eignen Heil und Leben wird das Verständnis und die Empfänglichkeit für die evangelische Botschaft vom Heil in Christo erschlossen; der Akt des Glaubens, der das Evangelium innerlich aneignet und in dem es sich nun in eigenster Erfahrung als Heilskraft und Wahrheit erweist, wird so möglich, sittlichnotwendig und wirklich. Im Mittelpunkte steht Jesus Christus, dem auch die extremste negative Kritik eine einzigartige, ihn dem Vertrauen und der Ehrfurcht empfehlende Persönlichkeit zugestehen muß, — er, von welchem die Strahlen der Gottheit ausgehen, damit wir sie auf uns wirken lassen, — er, für welchen zeugt eine durch ihn umgewandelte Welt und die den Seinen von ihm eingeflößte Begeisterung und dankbare Liebe, deren Flamme noch heute in denen fortlebt, die bei ihm die Erfahrung des von ihm Verheißenen machen wollen. In ihm erfahren wir, wie Dorner schon vorher in einer Ausführung gegen Frank (S. 41 f.) gesagt hat, den „Gnadenblick Gottes, der sich uns als Vater in Christo erweist"; diesen müssen wir zuerst erfahren, ihn im Glauben erfassen, dann rufen wir Abba und wissen uns als Kinder: der Glaubensstand und seine Gewißheit wird, wie Dorner gegen Frank bemerkt, nicht dadurch, daß wir uns schon als Wiedergeborene und Gotteskinder fühlen, sondern durch jene Erfahrung, durch die wir die Kindschaft erlangen. — Den Fragen der Kritik gegenüber ermahnt Dorner besonders dazu, daß man nicht mit verhältnismäßigen Neben-dingen sich aufhalte, sondern diesen Christus als Kern und Mittelpunkt der heiligen Schrift fixiere.

Dorner kann innerhalb der „gläubigen" evangelischen Theologie vor-zugsweis als spekulativer, spekulativ begründender und konstruierender Theolog, ja als Hauptvertreter dieser Richtung bezeichnet werden. Wesent-lich als solchen lernen wir ihn weiter kennen in der jene „Pisteologie" ab-schließenden Erklärung über die wissenschaftliche Gewißheit im Unterschied von der religiösen und in der darauffolgenden wissenschaftlichen Entfaltung des Wahrheitssystemes, namentlich gleich in der wissenschaftlichen Behand-lung der Gottesidee mit den Beweisen fürs Dasein Gottes; vgl. hier-über oben (S. 30 f.). Nur um so gewichtiger aber wird für uns sein Zeugnis dafür, daß man zum Glauben doch nur auf jenem Wege ge-lange.

Wir könnten den verschiedenen bisher genannten Theologen eine statt-liche Reihe anderer beifügen, die, so sehr sie sich wieder voneinander unterscheiden, doch wesentlich in der entscheidenden Bedeutung übereinstimmen, welche sie bei aller Anerkennung von Schriftautoritäten und zugleich vom Wert unserer kirchlichen Lehrbildung jenem innern Erleben beilegen: so von Dogmatikern den mystisch und theologisch gerichteten Schöberlein, der den „eigentlichen Sitz, die innere Sphäre des Glaubens" im Herzen und Gemüt, als der ungeteilten Einheit unseres Inneren findet und das, was der Seele hier erst als geistiges Bild vorschwebe, in ihrer geistigen Entwicklung zur klaren Erkenntnis ausgebildet werden, das, was nur erst als Verlangen sie bewege, in bewußten, festen Willen übergehen läßt, — den Dogmatiker der Brüdergemeinde Herm. Plitt, — H. v. d. Goltz, welcher die biblischen Urkunden, die geschichtliche kirchliche Lehrentwickelung und die persönliche Erfahrung der Gläubigen als die Quellen und Normen für die Glaubenslehre in das Verhältnis zu einander setzen möchte, daß die religiöse Bedeutung der Lehrsätze vorzugsweise an der persönlichen Er-fahrung, ihr rein christlicher Gehalt an der heil. Schrift, ihr dogmatischer Wert an der kirchlichen Entwicklung gemessen werde, — Fr. Reiff, welcher die Herzenserfahrungen des wiedergeborenen Christen für den inneren Beweis erklärt, die direkten Aussagen desselben zwar dem Umfang nach beschränkt sein läßt und die mehr „peripherischen" Wahrheiten vielmehr (mit Widerspruch gegen Frank) der geschichtlichen-biblischen Offenbarung entnommen haben will, aber eben auch die Realität dieser Offenbarung erst auf dem Weg der inneren Erfahrung bestätigt sein läßt, — R. Kübel, der, hierin Beck am nächsten stehend, im Gegensatz gegen ein jeden Autori-

tätsglauben bekämpfendes Geltendmachen unserer eigenen Erfahrung viel=
mehr unsere Erfahrung von der Offenbarung in Christo vollständig von
der Erfahrung nnd dem sie ausdrückenden Worte der ersten, apostolischen
Zeugen abhängig macht, aber eben auch die Geltung dieses Wortes für
uns auf den von uns selbst gefühlten „unmittelbar überwältigenden" Ein=
druck davon begründet, daß es für uns der Träger des wahren ewigen
Gotteslebens sei, — O. Kirn, der in einer Vorlesung über Wesen und
Begründung der religiösen Gewißheit (1890), ohne auf den die heilige
Schrift betreffenden Fragpunkt einzugehen, die religiöse Gewißheit wesent=
lich auf solche Zustände des inneren Lebens stützt, welche den sittlichen
Elementen unseres Bewußtseins zugehören, und vor allem darauf bringt,
daß man, wenn sich einem die christliche Wahrheit innerlich beglaubigen sollte,
ihr inneres Licht nicht scheuen dürfe und nach Gerechtigkeit hungern und
dürsten müsse. Einer solchen angeblich orthodoxen Auffassung des Glaubens
gegenüber, wie sie E. König neuerdings vertreten hat, stellt sich uns hier
überall eine gemeinsame Grundrichtung dar.

Von einer andern Seite her kommt hier unter den neueren Theologen
ganz besonders R. A. Lipsius in Betracht mit den letzten und reiffsten
Früchten seiner ernsten und lauteren, selbständigen und umfassenden geistigen
Arbeit. Sein Standpunkt ist von Pünjer als „erkenntnistheoretischer Neu=
kantianismus" charakterisiert worden und er hat dies selbst acceptiert.*)
Seinem Lehrbuch der evangelischen Dogmatik v. J. 1876 durfte vorgeworfen
werden, daß er, während er, die sinnlichen Vorstellungsformen unseres
Glaubensinhaltes kritisch abstreife, es an der Begründung dafür fehlen lasse,
daß dasjenige, was bei diesem Prozeß übrig bleibe, wirklich für wahr zu
halten, zu glauben und gläubig zu erkennen sei (vgl. Herzog, Realenc.³,
Bd. 3, S. 655). Seither hat auch er sehr bestimmt auf den Erfahrungs=
beweis dafür uns verwiesen.**) Und zwar handelt es sich nach ihm in der
Religion und religiösen Offenbarung um die Erlangung höchster Güter
und die praktische Erkenntnis ihres Wertes. Die praktisch religiöse Er=
fahrung ist so das Kriterium für diejenige Wahrheit, die wir in der Offen=
barung suchen, nämlich für den wirklichen Erwerb der Güter, in deren
Besitz die Offenbarung uns zu setzen verheißt. Das höchste Gut des
Christen oder die Verwirklichung seines höchsten Lebenszweckes ist ausgedrückt
in dem der christlichen Religion eigentümlichen Grundverhältnis oder Prinzip,
nämlich in dem zugleich die Zugehörigkeit zum Gottesreich in sich schließenden

---

*) Lipsius, „Philosophie und Religion" 1885, S. 318 f.
**) A. a. O., S. 248 ff. Lipsius, „Die Hauptpunkte der christl. Glaubenslehre"
1889 (Abdruck aus d. Jahrb. f. protest. Theol.) S. 12 ff.; 3. Aufl. d. „Dogmatik".

Verhältnis der Kindschaft bei Gott. Diese ist innerlich erfahrene, persönlich erlebte Gewißheit. Und auf Grund solcher Erfahrung thut der Christ Glaubensaussagen über übersinnliche Realitäten; es sind das nicht etwa Beschreibungen bloßer Bewußtseinszustände, auch nicht bloße Werturteile, denen keine Seinsurteile entsprächen; es handelt sich dabei nicht bloß um Verhältnisse des Menschen zu Gott, sondern ganz ebenso um Gottes Verhältnis zum Menschen und zur Welt. Zur Offenbarung verhält sich dieses religiöse Prinzip des Christentums oder dieses Kindschaftsverhältnis so, daß es erst auf Grund der geschichtlichen Offenbarung in Christo eine Lebensmacht und hiermit Thatsache innerer Erfahrung für die Gläubigen wird, den Gegenstand der Offenbarung aber der eben auf Herstellung des Kindschaftsverhältnisses gerichtete Wille Gottes an den Menschen bildet. Erstrecken aber kann sich dieser Erfahrungsbeweis nur auf das, was der Natur der Sache nach erfahren werden kann, also z. B. nicht auf erstaunliche Aufschlüsse über transcendente Geheimnisse oder auf Berichte von wunderbaren Ereignissen oder einer in die natürliche Geschichte hineingestellten übernatürlichen Geschichte.

In eine eigentümliche Stellung ist die Ritschlsche Theologie zu unserer Frage getreten, wie der Christ dessen gewiß werden könne und solle, daß er im Christentum die Wahrheit habe, und überhaupt zu der Frage, wie die sittlich-religiöse Überzeugung eine schlechthin gewisse und feste werde.

Ritschl selbst hat eine bestimmte Antwort auf diese bestimmten Fragen nie gegeben noch zu geben versucht. Ich kann in dieser Hinsicht nur wiederholen, was ich schon dem Lebenden gegenüber öffentlich ausgesprochen (vgl. Stud. u. Krit. 1879, S. 611, Herzog, Realenc.², Bd. 3, S. 656) und, wie ich hier beifügen darf, auch in ernster Unterredung ihm vorgetragen habe, ohne eine klare Antwort gewinnen zu können. Während er die Auffassung des Gewissens, daß man in ihm der höchsten sittlichen Normen unmittelbar inne werde, bestritt, hat er nirgends gezeigt, wie das Subjekt dieser in Wirklichkeit schlechthin gewiß werden könne. Er verweist den einzelnen an die christliche Gemeinde und redet auch von einer Erfahrung, die man hier von der Gewißheit der Begnadigung dadurch mache, daß man das Vertrauen des Kindes zu Gott als dem liebenden Vater übe u. s. w. (Rechtfert. u. Versöhn.³, Bd. 3, S. 618); er unterläßt es aber, dem einzelnen vor allem zu zeigen, was ihn sicher dazu bestimmen könne und müsse, in die Gemeinde und in ihren gläubigen Vorstellungs- und Gedankenkreis, der ihm wohl zunächst in der Erziehung beigebracht worden ist, auch mit eigener Entscheidung einzutreten. Denn was kann ihn hierin innerlich sicher machen dem Bedenken gegenüber, ob man nicht dort in eiteln traditionellen Illusionen sich bewege, von denen ja überdies auch schon ganze Maſſen in jener Gemeinde ſich loszumachen im Begriffe ſeien, und ob der Gemeingeiſt dieſer Gemeinde, welchem ſich zu ergeben er auf⸗ gefordert werde, gegen Illuſionen und Verkehrtheiten geſicherter ſei, als der Geiſt anderer, durch Geſchichte und Alter befeſtigter menſchlicher Gemein⸗ ſchaften? Hat doch gar einmal in der „Chriſtlichen Welt" (1892, S. 117) einer, der unſern alten Heilsglauben neu formulieren wollte, das durch den Einfluß der Gemeinde im einzelnen geweckte Heilsvertrauen geradezu einen „Korpsgeiſt" genannt, den der einzelne in ſich aufnehme, je länger er in dieſer Gemeinſchaftsluft lebe und atme. Dagegen konnte Lipſius bei der Berufung auf innere religiöſe Erlebniſſe des Subjekts noch be⸗ fürchten, von jener Seite her den Vorwurf der Myſtik, der Schwarm⸗ geiſterei, ja der Berufung auf bloße Halluzinationen zu vernehmen (Philoſ. u. Relig., S. 242, 251, 257).

Aber ſeither wird nun gerade auch von jener Seite her vor allem auf eine andere Erfahrung, auf den vom Subjekt unmittelbar empfundenen Eindruck des geſchichtlichen Chriſtus, das entſcheidende Gewicht gelegt. Ich habe ſchon früher (Stud. u. Krit. 1888, S. 88) die hierauf bezüglichen Erklärungen von W. Herrmann*) und auch von M. Reiſchle**) hervor⸗ gehoben; man hätte denken können, auch ſie müßten dem ſoeben erwähnten Vorwurfe verfallen. Wir hören jetzt von einem Ergriffenſein, ja, wie es bei Herrmann (vgl. auch Reiſchle a. a. O. S. 57, übrigens auch Dorner, oben S. 94) geradezu als Lieblingsausdruck erſcheint, von einem innerlichen Überwältigtſein des Subjekts, wodurch wir deſſen, was wir glauben ſollen, gewiß werden. Eben jener Chriſtus wird uns zur wunder⸗ baren Thatſache, die „uns packt", „vor der wir nicht vorbei kommen", die uns überwältigt. Was dieſelbe in ſich ſchließt, bezeichnet Herrmann mit hohen, umfaſſenden, freilich oft gar abſtrakt klingenden Worten: Die perſön⸗ liche Macht des Guten wirkt in Jeſu Geſtalt auf uns; wir werden zur Ehrfurcht geſtimmt; ſeine perſönliche Haltung erhebt uns zu der Zuverſicht, daß Gott unſer Gott iſt, und damit in den Bereich der Liebe Gottes; dieſer tritt mit uns ſo in Verkehr, daß er uns zugleich die Sünden ver⸗ giebt; — wer durch die Kraft der Liebe und die Siegeszuverſicht Jeſu innerlich erſchüttert und gedemütigt wird, wird dann in ihm nicht mehr ein hiſtoriſches Problem ſehen, ſondern eine Wirklichkeit, vor der er ſich beugt; — ſeine Perſon kann allein uns auch die Gewißheit geben, daß

---

*) Herrmann, „Der Verkehr des Chriſten mit Gott" 1886, 2. Aufl. 1892; Vorträge der Konferenz zu Gießen 1887; Gottesdienſtl. Vorträge in der Schloßkirche zu Karlsruhe, 1892, S. 48 ff.; im „Beweis des Glaubens", Jahrg. 1890, S. 81 ff.

**) „Ein Wort zur Kontroverſe über die Myſtik in der Theologie" 1886.

über der Welt die Allmacht seines Vaters im Himmel walte u. s. w.
Reischle sagt (a. a. S. 57) kurz zusammenfassend: Die Macht des Evangeliums, welche unser Gewissen traf und zugleich unserem Seligkeitsbewußt-
sein entgegenkam, hat uns überwältigt; es ist alles Gottes Werk. — Daß
„die Anschauung von der geschichtlichen Wirklichkeit Christi und die Lebens-
erfahrung, welche aus dem Personverhältnis zu dieser im Bewußtsein vorhandenen objektiven Größe erwachse", die wahre Quelle der christlichen
Glaubenserkenntnis sei, hat Gottschick*) speziell Frank gegenüber ausgesprochen, der vielmehr bei der Gewißheit des persönlichen Heilsbesitzes
beginne, wozu doch die Nichtchristen erst geführt werden sollen. Wenn
Gottschick daneben doch (S. 118) einer Äußerung Franks gegen Dorners
Verlangen nach einem objektiven Ausgangspunkt, was der Gnadenblick
Gottes in Christo sei, seine Zustimmung erteilt, so läßt sich dies nur
daraus begreifen, daß er jene Worte Dorners (oben S. 94) nicht in
ihrem Zusammenhang gelesen hat. — Ganz in Herrmanns Sinn und
Weise sagt Rade **) vom seligmachenden Glauben: „Wir haben es zu
thun mit einem vielleicht gewaltsamen, vielleicht stillen Vorgang in unserem
Gemüt, daß wir überwältigt werden und uns überwältigen lassen von dem
Erlebnis eines Göttlichen auf Erden, und dieses Göttliche heißt Jesus
Christus." In der „Christlichen Welt" ertönen jetzt fort und fort solche
Stimmen, wobei es auch an Verhandlungen darüber nicht fehlt, wie die
Stellung eines solchen Glaubens zu den einzelnen geschichtlichen Heils-
thatsachen, namentlich der Auferstehung Jesu, zu bestimmen sei. — Die
gleiche Definition des Glaubens klingt jetzt auch bei Kaftan ***) wieder:
„Ich habe Gott gesucht — — und habe ihn in Jesus Christus gefunden;
dieser Mensch, was uns von ihm überliefert worden ist, hat mich innerlich
bezwungen und nötigt mir das Bekenntnis ab: das ist Gott, hier habe und
halte ich die sich selbst beglaubigende Offenbarung des wahren Gottes" u. s. w.

Frank †) meint nichts Oberflächlicheres sich denken zu können als
jenen Versuch Gottschicks, die Genesis der christlichen Gewißheit darzulegen. Er vermißt jede bestimmtere Äußerung über die Mächte, welche
den Eindruck, von dem Gottschick rede, hervorrufen und über die subjektive Entstehung desselben. Er erkennt an, daß Gottschick die Unmittelbarkeit der Heilserfahrung trefflich betone, während es sonst gerade
nicht die Weise jener Schule sei, die Unmittelbarkeit des Verhältnisses zu

---

*) „Die Kirchlichkeit der sog. kirchlichen Theologie" 1890.
**) „Der rechte christliche Glaube" 1892, Hefte zur Christl. Welt, Nr. 1.
***) „Die Verpflichtung auf das Bekenntnis", Hefte z. Christl. Welt, Nr. 6, S. 7.
†) Frank, Dogmatische Studien, S. 45 ff.

Christus' hervortreten zu lassen, möchte aber bestimmter vernehmen, was es mit der unmittelbaren Präsenz und Einwirkung Christi neben der zugleich behaupteten Vermittlung durch die Gemeinde auf sich habe, während „die Schule" von supranaturalen Wirkungen des erhöhten Christus doch sonst nichts wissen wolle. Anderswo hat Frank bemerkt*): vor einigen Jahrzehnten, im Anfang der kritischen Bewegung, habe man die Unmittelbarkeit des Glaubens im Gegensatz zu Scholastik und Metaphysik betont; das sei eine zweideutige Antithese gewesen; jetzt sei es leichter, sich im Kampf zu orientieren: man erkenne jetzt an, daß es sich überhaupt um die jenseitige Welt handle, der die Mysterien des Glaubens angehören. — Über die göttlichen Faktoren und den göttlichen Inhalt des Glaubens, worüber Frank bei jenen Aussagen über die Glaubenserfahrung mindestens einen Schleier oder große Unklarheit gebreitet sieht, werden wir nachher selbst uns zu erklären haben. Jene Begründung des Glaubens auf innere Erfahrung aber, die ja doch auch Frank an sich anerkennt, muß wahrlich auch heute noch so angelegentlich wie vor Dezennien gegen scholastischen Dogmatismus, Intellektualismus und religionslosen Moralismus behauptet werden, und wir dürfen es als besonders bedeutsam ansehen, wenn dem jetzt mit solcher Wärme auch die Schüler einer Theologie beistimmen, deren antimystisches Eifern das nicht eben erwarten ließ.

5. Darlegung der innern Erfahrung, auf welcher die christliche Glaubensüberzeugung ruht, und Tragweite derselben.

Können und müssen wir nun aber wirklich, während alles andere zur Begründung unserer christlich-religiösen Überzeugung nicht ausreicht, dafür in Übereinstimmung mit unseren Reformatoren, speziell mit Luther, gemäß den Weisungen, welche wir in den neutestamentlichen Aussagen fanden, und entsprechend dem Weg, auf welchen die neuere Theologie durch ihre innere Entwicklung so mächtig hingetrieben worden ist, auf Vorgänge des innern Lebens, die auch wir zu erfahren bekommen, uns berufen, und wie haben wir diese Vorgänge bestimmter aufzufassen? Es liegt im Wesen der Sache, daß, wer davon redet, seine Aussagen nicht durch Denkfolgerungen aus irgend welchen andern schon bekannten Thatsachen oder aus allgemein anerkannten Begriffen beweisen kann. Er kann nur darauf bauen, daß diejenigen, an welche er sich wendet, Entsprechendes in sich selbst erleben und, darauf aufmerksam gemacht, auch bei sich beobachten werden (vgl. schon oben, S. 53); dabei erinnern wir an die innere Verwandtschaft, welche, nach dem oben Gesagten, mit den hier in Betracht kommenden christlichen Er-

---

*) Neue kirchl. Zeitschrift, IV, 1893, S. 19.

fahrungen auch schon die allgemeineren Erfahrungen des Gewissens von unbedingten sittlichen Forderungen haben.

Zunächst aber müssen wir, indem wir von einem Glauben auf Grund inneren Erlebens, Erfahrens oder Innewerdens reden, den Begriff des Glaubens selbst näher bestimmen; wir müssen sehr warnen davor, daß man ihn und den dieses Erlebens ineinander fließen lasse, wie gerade bei neueren eifrigen Vertretern jenes Weges hin und wieder geschehen ist (ganz besonders bei E. Haupt, „Die Bedeutung der heil. Schrift u. s. w." 1891; Herrmann, der im „Verkehr des Christen u. s. w.", 2. Aufl., S. 183, und ähnlich auch sonst den Glauben als Vertrauen auf ein selbsterlebtes Ereignis, oder, vgl. im „Beweis des Glaubens" a. a. O. S. 82, als Vertrauen zu einer auf uns wirkenden und uns Vertrauen abgewinnenden Person bezeichnet, nennt an jener Stelle gleich nachher den Glauben selbst „ein Erlebnis der göttlichen Hilfe"). Nicht bloß der zweifellose biblische und christliche Sprachgebrauch, sondern die Bedeutung des Gegenstandes selbst und besonders die Beantwortung der uns vorliegenden Frage fordert eine genauere Auffassung (vgl. auch schon oben S. 66 f. über Luther). Ich glaube als Christ an Gott, indem ich mein Vertrauen setze auf ihn, der durch seine von mir erlebte Einwirkung auf mich sich mir als mein Gott in Christo bezeugt, mich zu sich gezogen, in mir das Vertrauen zu sich erweckt hat. Indem ich so vertrauensvoll ihm mich zuwende, seine in Christus mir dargebotene Gnade erfasse, läßt er mich weiter auch inneren Frieden und Seligkeit im Geiste der Kindschaft erfahren, läßt mich eines eigenen neuen Lebensstandes in der Gemeinschaft mit ihm inne werden, und vermöge solchen Erlebnisses und solcher Erfahrung wird dann auch mein Glaube weiter erstarken. Darf man doch auch z. B. vom Glauben an die göttliche, für unser irdisches Wohlsein sorgende Vorsehung nimmermehr sagen, daß er selbst das Erleben dieser Vorsehung sei; sondern auf Grund der an mein Inneres gedrungenen Gotteszeugnisse vertraue ich auch seiner Führung fürs irdische Leben, oft noch ganz ohne ersehen zu können, was sie mich hier werde erleben lassen. — Bei unserer gegenwärtigen Untersuchung aber haben wir es zunächst mit jenen Eindrücken oder jener Erfahrung zu thun, aus welcher der Glaube erst hervorgeht; es fragt sich, wie ein fester Christenglaube bei einem entsteht, der bis dahin dem Christentum noch ferne stand oder den Inhalt des christlichen Glaubens nur, wie man zu sagen pflegt, mit dem Kopf und nicht mit dem Herzen aufgenommen hatte: es ist diejenige Frage, die Frank, wie wir sehen, gerade nicht zu seiner Aufgabe gemacht hat.

Wir werden ferner, wie ja in dem soeben Gesagten liegt, zwar den Glauben auf göttliche Wirkung zurückzuführen und insofern ein Werk Gottes zu nennen haben, aber eben darum nicht etwa mit der vom Evangelium ausgehenden, „mich überwindenden" Kraft selbst identifizieren dürfen (Haupt a. a. O., S. 30).

Unpassend ist auch die längst und weithin verbreitete Bezeichnung dieses Glaubens als ὄργανον ληπτικόν. Ist er doch nicht ein Organ oder Werkzeug, sondern vielmehr das Ergreifen selbst. Will man — worauf wir schon bei Vinet (oben S. 86) geführt worden sind — unsere erfahrungsmäßige Vergewisserung von den natürlichen, materiellen Dingen und diejenige von den ewigen, göttlichen Realitäten in Parallele zu einander stellen, so hat man den dort funktionierenden Sinnen hier nicht den Glauben selbst (Haupt S. 18), sondern Herz, Gewissen oder moralischen Sinn zu parallelisieren, dem Herzensglauben aber das dort entstandene Fürwahrhalten.

Der Gegenstand nun, dessen wir als Christen gewiß werden möchten, um mit unserem ganzen Streben und Leben auf ihn zu bauen, ist ein geschichtlicher. Es ist nicht eine sogenannte ewige Wahrheit oder Vernunftwahrheit, die schon ursprünglich in unserem Geiste liegen und durch einen Denkprozeß klar und sicher gestellt werden sollte, auch nicht eine sittlichreligiöse Wahrheit, die etwa wie eine in unserem allgemeinen menschlichen Wesen und Verhältnis zu Gott begründete Forderung dem Gewissen sich bezeugen würde. Man kann sagen, der Gegenstand sei Gottes heilige, erbarmende Liebe, durch die wir zur Gemeinschaft mit ihm, zur Teilnahme an seinem Reich, zu seiner Kindschaft und zur Seligkeit in ihm bestimmt seien. Aber es ist bestimmter die Offenbarung seiner Liebe und Stiftung seines Reiches und Heiles, wie sie sich geschichtlich vollzogen hat durch Jesus Christus. Dieser selbst hat sich, wie wir aus allen geschichtlichen Berichten über ihn und aus dem ganzen Verhalten seiner ersten Jüngerschaft zu ihm ersehen, in seinen Zeugnissen von Gottes Liebe und Reich für uns in den Mittelpunkt gestellt, ja vor allem in seiner eigenen geschichtlichen Persönlichkeit bietet diese Liebe sich uns dar, durch sein eigenes Wirken und Leiden will er unsere Gemeinschaft mit Gott im Gegensatz gegen den Stand der Sünde und Schuld vermittelt haben. Dabei redet er, während er als schlichter Mensch unter den Mitmenschen sich bewegt und ihrer sich annimmt, aus dem Bewußtsein einer innern Beziehung zu Gott als seinem Vater heraus, die jedenfalls schlechthin einzigartig ist, ihn über die ganze natürliche Menschheit hinaushebt und sofort auch schon nach einem besonderen Ursprung aus Gott uns fragen läßt. Nennt doch er sich den Sohn schlechthin, leitet sein Wissen und seine Offenbarung aus dem vertrauten Verhältnis des Einen Sohnes zum Vater ab (Matth. 11, 27, vgl. schon oben S. 49 f.), setzt bei den Mitmenschen überall Sünde, Krankheit, Erlösungsbedürftigkeit voraus, ohne je selbst darin sich mit ihnen zu-

sammenzufassen, bezeichnet andererseits Gott, während seine Jünger ihn ge-
meinsam mit „unser Vater" anrufen sollen, von sich aus nie mit „unser
Vater", sondern immer mit „mein Vater". Er stellt sich nach sicher echten
Aussagen in seiner echten und niedrigen Menschlichkeit als denjenigen Einen
Menschensohn hin, der nicht bloß den Menschen das Gottesreich ankündigt
und bringt, sondern welchem selbst nach Dan. 7 Reich, Herrschaft und Herrlichkeit über alles gebührt. Die Bedeutung, welche ihm selbst und seiner
Todeshingabe für unsere Versöhnung mit Gott und Aufnahme in Gottes
Liebesgemeinschaft zukommt, hat er jedenfalls in jenen Abendmahlsworten
1 Kor. 11 (oben S. 50) ausgesprochen (vgl. auch Herrmann, im „Beweis d. Gl." a. a. O., S. 86).

So kommt denn bei der Feststellung unseres Glaubens allerdings auch
die äußere Bezeugung der geschichtlichen Thatsache und die auf alle Ge-
schichtsthatsachen anzuwendende Kritik mit in Betracht. Es fragt sich namentlich, ob die wesentliche geschichtliche Substanz, an welche der christliche
Glaube sich hält, gegen den Einwurf gesichert ist, daß sie vielmehr nur
Produkt von Sage und Dichtung sei, und ferner gegen den Einwurf, daß
ein schärferer historischer Blick in jener Selbstdarstellung Jesu, soweit er
sich für geschichtlich anerkenne, nicht lautere Wahrheit, sondern vielmehr
Selbsttäuschung eben dieses Jesus erkenne. Man dürfte dem ersten Einwurf gegenüber sich nicht etwa dabei beruhigen, daß ja auch eine erdichtete
Geschichte, ähnlich wie eine Parabel, doch noch ein wirksamer Ausdruck
einer göttlichen Wahrheit sein könne (vgl. Haupt a. a. O., S. 46); denn
hier kommt's ja wesentlich auf einen geschichtlichen Akt Gottes an, für
welchen ein lediglich poetischer Ausdruck nur dann etwa wertvoll und überhaupt zulässig wäre, wenn der Akt in seiner Geschichtlichkeit schon anders-
wie feststünde. Man dürfte auch gegen starke und siegesgewisse, für jenen
Einwurf vorgebrachte Gründe nicht etwa lediglich auf den innern Eindruck
sich berufen, durch welchen die große Thatsache der speziellen Offenbarung
Gottes in Jesus Christus sich dennoch einem empfänglichen, sittlich-religiösen
Sinn als Thatsache ausweisen werde; denn viele würden dann durch jenen
Einwurf abgehalten, überhaupt erst noch die Probe mit den angeblichen
innern Eindrücken zu machen, oder müßten wenigstens fürchten, in einen un-
lösbaren Zwiespalt zwischen ihrem notwendig durch jene Gründe bestimmten
Verstand und ihren Gemütseindrücken zu geraten. Nimmermehr darf man
daher den hohen Wert derjenigen äußeren Zeugnisse herabsetzen, welche wir
für den Ursprung und die Glaubwürdigkeit unserer Evangelienberichte besitzen, oder sich verdrießen lassen, sie denen vorzulegen, welchen ein Gerede
hochmütiger Gegner imponiert hat. Aber wir müssen dabei bleiben (vgl.
oben S. 44 ff.), daß doch noch nicht sie die Entscheidung für den Glauben

bringen können. Nicht bloß gar vielen Bedenken bezüglich einzelner geschichtlicher Angaben lassen sie Raum; sondern sie sind auch für sich unzureichend, diejenigen Bedenken zu überwinden, welche gegen das dort vor-
gelegte geschichtliche Gesamtbild Jesu, wenn es uns nicht noch ganz anders
bezeugt wäre, sich für uns erheben und uns mindestens veranlassen möchten,
hier schließlich ein non liquet auszusprechen. Ebenso dürfen wir andererseits auch solchen historischen Kritikern, welche mit Einwendungen äußerer
Geschichtskritik die ganze den Inhalt unseres Glaubens bildende Offen-
barungsgeschichte umstoßen möchten, mit Fug und Recht erklären, daß sie
hierzu keineswegs bloß durch jene Einwendungen veranlaßt seien, sondern
durch anderweitige Voraussetzungen der ganzen Gottes- und Weltanschauung und hieraus hervorgegangene Zweifel an jenem Geschichtsinhalt, —
durch Zweifel, denen gegenüber wir eben in einem andersartigen, innerlichen
Zeugnis die Entscheidung suchen müßten. Diese Art der Entscheidung ist
denn vollends schlechthin erforderlich mit Bezug auf jenen andern Einwurf,
daß das durch die historische Kritik anzuerkennende geschichtliche Bild Jesu
von dieser Kritik für das Bild eines in Selbsttäuschung begriffenen und
andere täuschenden Schwärmers erfunden werde. — So gewiß also für die
geschichtliche Offenbarung Gottes in Christo ein geschichtlicher Bericht unentbehrlich und so groß der Wert des uns vorliegenden Berichtes ist, so
wäre es doch unrichtig zu sagen, daß wir, ehe wir zum christlichen Heilsglauben kommen können, schon die feste Gewißheit von dem dort Berichteten
haben müßten; sondern zu dieser gelangen wir doch erst unter denjenigen
Eindrücken und in denjenigen inneren Vorgängen, in denen eben der Heils-
glaube geboren wird (vgl. einerseits Drews in der „Christl. Welt" 1890,
Nr. 44, andererseits Haupt a. a. O., S. 80 ff.). — Wir gedenken hierbei
der allgemeinen Frage über das Verhältnis von assensus und fiducia
im christlichen Glauben (vgl. oben S. 14. 18; dazu auch Traub in den
„Theol. Stud. u. Krit." 1893, S. 570 ff.). Wir sehen, zu diesem Glauben
gehört nicht bloß die Anerkennung der Realität Gottes überhaupt, sondern
die Anerkennung seiner geschichtlichen Offenbarung als einer wirklichen, also
das Fürwahrhalten dieser geschichtlichen Thatsache. Aber derjenige assensus, welcher wesentliches Moment unseres Glaubens ist, kann selbst schon
eben erst vermöge jener inneren Vorgänge zu stande kommen, durch die das
für wahr Anerkannte zugleich Gegenstand des Herzensvertrauens werden
muß; und noch mehr: ohne jene Vorgänge wird gerade für einen, der jene
Geschichte mit den Mitteln äußerer empirischer Betrachtung und Forschung
streng prüft, bloß von hier aus auch nicht einmal eine sichere, einfach historische Zustimmung oder überhaupt ein sicheres historisches Ergebnis möglich
werden. Einer gewissenhaften, durchgreifenden historischen Kritik, welche dies

auszusprechen nötigt, haben wir nicht zu zürnen, sondern für den Antrieb zu desto tieferer Begründung unseres Glaubens zu danken. Nur hüte man sich wohl, das, was Gott allerdings auch an äußeren Zeugnissen uns darbietet, einer willkürlichen und leichtfertigen Kritik preiszugeben oder im Dünkel eines eigenen höheren Standpunktes gering zu achten.

Versuchen wir denn, wenigstens in Kürze die geschichtliche Gestalt und Offenbarung Jesu, die so aufs Innere wirkt, uns zu vergegenwärtigen.*)

Jesus mag auch uns, wie einst seinem Volke, nur wie ein von Gott gesandter Lehrer und Prophet erscheinen, der Gottes heilige, sittliche Forderungen unserem Gewissen vorhält und in einem von oben kommenden Gottesreiche die höchsten Güter verheißt. Aber wir sehen sofort auch: er legt jenen heiligen Gotteswillen vom tiefsten Grund und Mittelpunkt aus, und zugleich in ebenso kurzem, schlichtem, volkstümlichem, als scharf eindringendem Worte wie kein anderer vor ihm oder nach ihm dar. Er trägt denselben vor aus einer ihm eigenen, unmittelbaren Kenntnis des wahrhaft Guten und Göttlichen, ohne erst wie Propheten auf besondere Eingebungen sich zu berufen, stellt ihn der ganzen bisher überlieferten Lehrweise entgegen im Bewußtsein selbsteigener Autorität, die schon durch seines Wortes eigene Kraft sich den Zuhörern legitimiert (vgl. Matth. 7, 28). Und im eigenen Dichten und Trachten, Wollen und Thun ist er immer ganz, rein und freudig vom Willen seines Gottes bestimmt und beseelt; während sonst alle die menschlichen geschichtlichen Größen einer sittlichen Kritik mit ihrer individuellen Stärke immer zugleich ihre sittlichen Schwächen und Blößen darbieten, ja hierdurch erst ihre bestimmte, uns fesselnde Gestalt gewinnen, bleibt sein Bild in aller seiner Vielseitigkeit fleckenlos, — frei von jeder Trübung durch selbstisches, fleischliches Streben, frei auch von jeder, die innere Sicherheit und Ruhe trübenden Nachwirkung vergangener Schuld. Er erscheint dabei nicht etwa als Idealmensch in dem Sinn, als ob dieser eine alle der Menschheit in der Welt gestellte Aufgaben hätte lösen sollen und wollen, wohl aber als der eine, in welchem verwirklicht ist, um was es bei aller sittlichen Güte und Vollkommenheit der Menschen grundwesentlich sich handelt und was auch dem Wirken für jene Weltaufgaben erst seinen Wert giebt, nämlich die Einigung des Herzens und Willens mit Gott und seinem Willen, die Erhebung über alles das Weltliche in der Hingabe an ihn, die volle, unermüdliche Treue für diejenige besondere Aufgabe, die er jedem in der Welt stellt und die bescheidene Beschränkung eben

---

*) Vgl. von neuesten Arbeiten besonders Kaehler, „Der sogen. historische Jesus und der geschichtliche, biblische Christus" 1892; Ewald, „Der geschichtliche Christus und die synopt. Evangelien" 1892.

auf sie. — Wir sehen ferner, wie Jesus, indem er das Gottesreich mit seinen Gütern verheißt, auch selbst schon die Seinen in einen neuen Lebens- stand erhebt.*) Er wirkt dies, indem er in Liebe ihnen dient, des Vaters Liebe ihnen erschließt. Er vergiebt ihnen die Sünden, er stirbt, um sie vom Banne der Sünde und Schuld zu lösen, und wir sehen dann auch wirklich schon den Geist der Kindschaft in ihnen leben. Sich selbst aber weiß er schon völlig mit dem Vater geeint und des überweltlichen, seligen, vollkräftigen Lebens in ihm teilhaftig, so wie er mit seinem Willen ganz dem Willen desselben nachkommt. Das ganze geschichtliche Bild von ihm, das uns schon die ersten Evangelien darbieten, und der ganze Eindruck von ihm, den wir bei den Aposteln nachwirken sehen, entspricht dem Inhalt seiner Selbstaussage bei Johannes, daß er selbst das Leben sei und man in ihm das Leben gewinne.

Schon früher (S. 49) haben wir die höchsten Aussagen erwähnt, die Jesus über sein einzigartiges Verhältnis zum Vater und seine göttliche Stellung zur Menschheit und Welt gethan hat. Auf jenes innere Vertraut- sein und Geeintsein mit dem Vater weist, während es Hauptgegenstand seiner johanneischen Reden ist, auch schon der historische gesichertste Inhalt der andern Evangelien hin. Die göttliche Stellung des Erhöhten und einst Wiederkommenden wird gerade in diesen besonders stark ausgesprochen. Und eben indem er so wunderbar hoch über Mitmenschen und Welt steht und seiner Höhe sich bewußt ist, trägt er still mit an den allgemeinen na- türlichen Schwächen des irdisch-menschlichen Daseins, trägt in dienender Liebe die sittlichen Schwächen derer, die er zu erlösen gekommen ist, und darf ebensowenig eine Einsprache dagegen fürchten, daß er sich den Sanft- mütigen und von Herzen Demütigen nennt, als dagegen, daß er jene Hoheit in der Gemeinschaft mit Gott sich beilegt. Sind doch (was die alte christ- liche Zweinaturenlehre zu verkennen pflegt) die beiden Seiten auch in jedem der beiden Namen, die er sich giebt, unlösbar zusammengefaßt: den Gottes- sohn oder schlechthin Sohn nennt er sich eben in seinem geschichtlichen, menschlichen Leben und Wirken, worin er auch die andern zur Sohnschaft erheben will, den Menschensohn nennt er sich im Bewußtsein davon, daß eben ihm, der in echter Menschlichkeit und auch menschlicher Schwäche und Niedrigkeit er- scheint, das Reich und die Herrlichkeit zukommt (nach Dan. 7, 13 f.; vgl. auch Ps. 8, 5 zusammen mit Hebr. 2, 6 ff.).

Von ihm zeugen die neutestamentlichen Männer, bei denen sein ge- schichtliches Bild noch frisch in persönlicher Erinnerung fortlebte, nun auch

---

*) Vgl. zum Begriff des Gottesreichs (namentlich gegen den Ritschl- schen) meine Ausführung in den Theol. Stud. u. Krit. 1892, S. 401 ff.

aus den Erfahrungen heraus, die sie von den Wirkungen des Erhöhten auf ihr inneres Leben fort und fort machen durften. Zu ihm ruft ihr Wort, wie es in seiner Gemeinde dargeboten wird, auch uns und will uns gleichartige Erfahrungen machen lassen.

Ein Zweifaches findet beim Eindruck, welchen ihr Zeugnis mit jenem Bild auf uns macht, immer in unmittelbarer Einheit miteinander statt. Es entspricht den beiden Seiten, welche immer zu einer sittlich-religiösen Umkehr und Hinkehr zu Gott gehören. Es hat seine Analogie auch schon beim Ursprung der Religion auf den niedrigsten Stufen menschlicher Entwicklung, sofern hier, wo ein wirkliches Bewußtsein von göttlicher Heiligkeit und heiligen Forderungen Gottes und von der göttlichen Güte und ihren wahren Gütern noch fehlt, zunächst eine bange Furcht vor übermächtigen anspruchsvollen Gewalten mit einem dringenden Verlangen nach ihrer Hilfe sich verbindet (vgl. oben S. 55 ff.). Jener Eindruck beugt auf der einen Seite uns vor dem Heiligen danieder; ja die Offenbarung des vollkommenen heiligen Gotteswillens mit seinen Ansprüchen und Forderungen an uns kann nirgends tiefer und schärfer das Gewissen treffen als hier, wo sie im Wort und in der Person des Gottes- und Menschensohnes sich für uns vollzogen hat. Wenn wir sagen müssen (Kaehler a. a. O., S. 30), daß zu unserer Selbstentscheidung jenem Bilde gegenüber zwei bewegende Kräfte, nämlich unsere Empfänglichkeit mit dem Gefühle des Mangels und Bedürfnisses und der Eindruck des Bildes auf den empfänglichen Betrachter ineinander greifen, so müssen wir diesem Eindruck selbst auch schon die größte Bedeutung für das Erwachen eben jenes Gefühls und jener Empfänglichkeit zuerkennen. Zugleich übrigens wird derselbe um so leichter Eingang finden und sein Ziel erreichen, je mehr Gewissen und Wille auch Anregungen, die sie schon zuvor empfangen hatten, Raum gegeben und unter ihnen in Demut sich gebeugt hatten; auch insofern gilt das Wort Joh. 7, 17. Auf der andern Seite und in Einheit eben hiermit weckt die göttliche Liebe in diesem geschichtlichen Gottessohne, wie in keiner andern Verheißung und Thatsache, Vertrauen zu sich und zieht hin zu den ewigen, himmlischen Gütern, die sie dem innern Menschen darbietet, vor allem zu der Versöhnung, nach der er unter jenem Eindrucke sich sehnen lernt. Es ist wohl, wie man hier von einer endlichen Befriedigung des im menschlichen Wesen liegenden Seligkeitsdranges sprach, so von Gegnern des christlichen Glaubens erklärt worden, daß unser Bild von einem Heiland Christus und seinem Heil eben nur ein Produkt des eigenen Dranges oder Wunsches und hiermit in Wahrheit bloße Illusion sei (vgl. Ewald a. a. O., S. 14); ebenso soll ja schon von Anfang an der Glaube an Götter aus dem Bedürfnis und Wunsch, höhere Helfer für den Kampf ums Dasein zu haben, hervorgegangen sein (vgl. oben S. 56). Hier aber haben wir vollends zu erwidern, daß nach unserer sichersten Erfahrung wir ohne jene objektive Offenbarung mit ihren inneren Wirkungen niemals jene Gaben und Güter der erbarmenden Gottesliebe zu hoffen gewagt oder zu denken vermocht, ja auch unser eigenes Bedürfnis und uns selbst nie also erkannt hätten; wie weit hat's denn darin auch die ganze vorchristliche und außerchristliche Menschheit gebracht! Dazu kommt der heilige Ernst, den eben auch die Offenbarung der Liebe als solche mit den Anforderungen an die vertrauensvoll nach ihr Greifenden und ihrer Genießenden für uns annimmt und behält.

Was die beiden Seiten in Jesu Person anbelangt, so konnten diejenigen, welche Augenzeugen seiner äußern Wunder waren, gleich durch diese zum Gedanken an ein ihm eigenes göttliches Wesen hingerissen werden, wenn auch noch ohne alles tiefere Verständnis dafür und für seine Person überhaupt. In unserer Zeit mögen einen, dem er bis dahin noch innerlich fremd war, die Wunderberichte wohl zunächst darauf, daß hier irgend etwas besonderes vor sich gegangen sei, aufmerksam machen*); wirklich nahe kommen werden wir ihm indessen zunächst im Blick auf das echt Menschliche, menschlich Reine, menschlich Gute, das einen zugleich beschämt und einem Vertrauen abgewinnt. Aber wir können das nur erfassen und auf uns wirken lassen in Einheit mit der diesem Menschensohn inwohnenden Fülle der Gottheit (Kol. 2, 9; Joh. 1, 14. 16). Ohne schon eigens darüber zu reflektieren, wird man über das bloß Menschliche hinausgeführt und hinausgehoben zu dieser Einigung von Gottheit und Menschheit und wird sie auch in unbefangener gewissenhafter Reflexion anerkennen müssen, so sehr sie unser Verständnis übersteigt.

So vollzieht sich, was wir mit der Schrift einen Zug Gottes zu Christus hin und ein Ergriffenwerden durch Christus selbst (Joh. 6, 44; Phil. 3, 12) nennen dürfen. Auch von einem Überwältigtwerden mögen wir hier mit den Neueren reden.

Man kommt da nicht mehr auf den Gedanken, daß die hohen Selbstaussagen dieses Jesus in bösem Widerspruch zu einer wirklichen und dabei reinen und wahrhaftigen menschlichen Persönlichkeit ständen, nicht mehr auf den vergeblichen Ausfluchtsversuch, daß man jene Aussagen aus der Geschichte ausmerzen möchte. Gerade eine innere Harmonie wird vielmehr

---

*) Vgl. auch Herrmann, „Der Verkehr u. s. w." 2. Aufl., S. 63, während Herrmann andererseits auch recht hat mit der Bemerkung, daß man in unserer Zeit den Menschen, wenn man ihnen die Wunderberichte als Hauptgegenstand vorhalte, damit in der Regel ein schweres Hindernis bereite.

auch hier unwillkürlich dem sich kundgeben, der den ganzen Eindruck dieser Person und ihres gesamten Verhaltens unbefangen in sich wirken läßt.

Auf die Frage, ob nicht doch alles Illusion und Dichtung sein könnte, brauchen wir hiernach nicht weiter zurückzukommen. Wir haben nur mit Bezug auf diese ganze Gestalt und Geschichte Jesu zu wiederholen, was wir vorhin mit Bezug auf das durch ihn geoffenbarte Heilsgut bemerkt haben: in jenem unserem Bewußtsein von seinem Heil und von ihm selbst haben wir eben auch die unverrückbare Gewißheit davon, daß unser und aller Menschen schwaches und sündhaftes Sinnen und Dichten ein solches Bild nicht erzeugen konnte. Das gilt ganz besonders auch von dem Volks-kreis, in welchem es ursprünglich auftrat und von Jesu eigenem Jünger-kreis, der ja selbst nur so schwer in sein Verständnis sich fand. Mit Recht beruft man sich auf die Unerfindbarkeit desselben (vgl. Beck, Glaubensb. a. a. O. S. 413; Schwarzkopf in „Vier Vorträge zur Verantwortung des christl. Glaubens", Stuttg. 1893, S. 22, mit einem Vers von Lavater).

Die geschichtliche Offenbarung Gottes in Jesus Christus, wie wir sie bisher betrachtet haben, ist eine Thatsache einzigartigen, wunderbaren, gott-menschlichen, geistigen Lebens, die in unserem sittlich-religiösen Geist und Sinn sich selbst als solche bezeugt. Wie aber steht es mit der ins äußere, natürliche Lebensgebiet fallenden Hauptthatsache dieser Geschichte, mit der Auferstehung und Erhöhung Jesu? Da reicht nun freilich die Erklärung keineswegs zu, daß der Christ eben auch die Wirkungen des Erhöhten als solchen erfahre, ja man darf über die Zuversicht derjenigen, welche einfach bei ihr sich beruhigen, mit Recht erstaunen, auch wenn man mit ihnen noch ganz von der Frage nach dem äußeren Vorgang einer Auferstehung oder Himmelfahrt absehen will (vgl. z. B. Lobstein in Gottschick's Zeitschr. f. Theol. u. Kirche 1892, S. 362 ff.). Denn welcher Christ würde, wenn er nicht bereits guten Grund hätte an Jesu Fortleben zu glauben, von den Heilswirkungen, die er in sich zu verspüren das Glück hat, mit sicherem Urteil auszusagen wagen, daß sie nur vom persönlich fortlebenden, erhöhten Christus und nicht etwa bloß von Gott selbst mittelst des Wortes und Bildes unseres verstorbenen und nur in seinem Wort und Werk noch für uns fortlebenden Heilandes ausgegangen sein könnten? Wohl aber wird jene, dem geschichtlichen Christus eigene einzigartige Beziehung zu Gott für den sittlich-religiösen Sinn, dem sie innerlich sich bezeugt, auch schon in sich, wenngleich erst unbewußt, eine Ahnung und Forderung mit sich bringen, daß dieser nicht wirklich dem Tode verfallen sein könne und vielmehr wirklich der von ihm selbst erwartete himmlische Lebensstand „zur Rechten Gottes" ihm gesichert sein müsse; muß doch für ihn in einzigartiger Weise das Wort gelten, daß der Gott, der in einzigem Sinne sein Gott war, nicht der Toten, sondern der Lebendigen Gott ist. Ein solcher Sinn wird auch wahrhaft innerlich und mit innerlicher Gewißheit die Botschaft vom Auferstandenen erfassen, und wer so an ihn glaubt und im Glauben und Leben mehr und mehr in die Gemeinschaft mit ihm sich versenkt, der wird dann auch wirklich sich dessen erfreuen, daß jene Wirkungen seine eigenen Wirkungen seien. Was die äußeren Vorgänge der Auferstehungsgeschichte, die Umwandlung der Leiblichkeit Jesu, das äußere Erscheinen u. s. w. betrifft, so wird er den Gedanken an eine bloße Sinnestäuschung der Apostel als einen störenden (wie F. Nitzsch, Lehrb. d. Dogm., S. 526 sagt), ja als einen unerträglichen und überdies mit dem ganzen geschichtlichen Verhalten der Apostel unverträglichen schlechthin abweisen. Auf die Frage, ob es nicht genüge und der Begreiflichkeit wegen allein zulässig sei, Visionen dort anzunehmen, die in einer objektiven, persönlichen Einwirkung des lebenden Christus begründet, aber doch immer nur Visionen gewesen seien, wird er erwidern dürfen, ob etwa solche Visionen der Fragende ihm begreiflich zu machen oder selbst zu begreifen im stande sei. Die geschichtlichen Einzelfragen führen indessen allerdings hier, wie auch sonst, über das Gebiet hinaus, welches den wesentlichen, innerlich sich bezeugenden Inhalt des Glaubens ausmacht.

Was die im N. Testament berichteten Wunder überhaupt anbelangt (vgl. meine Ausführung in Herz. Encykl., Bd. 17, S. 358 ff.), so dürfen wir den Hauptfragepunkt nicht mittelst jener allgemeinen Definition verhüllen, daß sie auffallende Naturerscheinungen seien, mit welchen die Erfahrung besonderer göttlicher Gnadenhilfe sich verbinde (a. a. O. S. 370, oben S. 41). Wir können auch nicht mit Kaftan (Wahrheit der christlichen Religion S. 560) vorbringen, daß kein konkretes Ereignis ohne Rest in diejenigen Formeln aufgehe, in welche die Regelmäßigkeit des Naturlaufs diesen zu fassen uns gestatte, und daß wir stets auf unvorhergesehene Ausnahmen gefaßt sein müssen. Denn soweit unseres Wissens eine strenge menschliche Beobachtung jemals gereicht hat, hat sie solche Ausnahmen, wie sie Kaftan meint, immer allein und ganz darauf zurückführen müssen, daß sie nicht alle bei dem Ereignis mitwirkenden Faktoren genügend gekannt und beachtet hat, niemals darauf, daß eine der mitwirkenden Kräfte von dem sonst für sie nachweisbaren Gesetz abgewichen wäre; so wirkt z. B. die Anziehungskraft zwischen zwei Körpern immer nach demselben Gesetz, aber eben darum beim Mitwirken noch anderer Faktoren mit einem verschiedenen Ergebnis, das nur ein mit allen Faktoren bekannter Beobachter sicher berechnen kann; Kaftan hat seine schon wiederholt ausgesprochene Behauptung nie durch Beispiele aufgeklärt. Wohl aber sieht nun der Glaube in

jenen Wundern einen Faktor einziger Art in die Wechselwirkung der
natürlichen Dinge und Kräfte hereingreifen, — einen Faktor, der nach
seinem eigenen Willen und Gesetz eben nur hier so eingreifen wollte, dessen
Eingreifen daher mit der sonstigen Regelmäßigkeit jenes natürlichen Prozesses in Widerspruch zu stehen scheint, dessen Wirken aber selbst wieder
durch die höchsten, festen Ideen, Ziele und Normen bestimmt ist. Es ist
die göttliche Geistes= und Lebensmacht, wie sie im Gottes= und Menschensohn sich offenbart. Uns bezeugt sie sich innerlich durch ihr Wirken auf
unsern innersten, sittlich-religiösen Lebensmittelpunkt. Nach jenen Berichten
also hat Jesus vermöge ihrer in seiner Gemeinschaft mit dem Vater und
für seine Heilszwecke auch Einzigartiges auf jenem Naturgebiete gewirkt
und hat Ähnliches auch seine ersten Werkzeuge wirken lassen. Jenes innere
Zeugnis spricht an sich hierüber nichts aus. Aber wird es nicht auch für
das, was geschichtliche Berichte in dieser Hinsicht bezeugen, das Auge des
gläubigen Christen öffnen, ja freudig auch diese Seite der Offenbarung
ihn erfassen lassen? Dies bemerken wir namentlich auch gegenüber jener
Erklärung von Lipsius oben S. 97. Nebenbei darf, philosophischen Ein-
sprachen gegenüber, besonders auf Lotze verwiesen werden (vgl. Herzog
Enc. a. a. O. S. 370). — Herrmann hat, während er (in seinem
„Verkehr" u. s. w. S. 187 ff.) gegen eine falsche Würdigung der Wunder
Richtiges ausführt, ihre wirkliche Bedeutung und Beziehung zum Glauben
nicht gebührend gewürdigt.

Im bisherigen hatten wir zunächst von der Offenbarung Gottes in
Christus zu reden, wie sie objektiv uns gegenübertritt und so jene innere
Wirkung uns erfahren läßt. Es findet dabei unsererseits ein Ergriffenwerden statt, ja in gewissem Grad ein unwillkürliches Ergriffenwerden.
Wir müssen indessen sofort beifügen: ein Ergriffenwerden, bei welchem und
vermöge dessen wir eben jenen Eindrücken und Zeugnissen in uns Raum
geben, der Gottesliebe vertrauensvoll uns zuwenden, sie hinnehmen und
ihr uns hingeben können und sollen.

So wird der Glaube lebendig. Und so werden dann die inneren Erfahrungen auch zu Erfahrungen des eigenen Heilsstandes, in welchen der
Gläubige eingetreten ist. So wird, wie Lipsius (a. a. O. S. 262) sagt,
das, was in jener Offenbarung als ein Neues und Ursprüngliches in die
Welt eingetreten ist, vom frommen Individuum aufs neue durchlebt. Und
so wird auf Grund davon auch die Überzeugung von den göttlichen Realitäten sich immer mehr befestigen, die gläubige Erkenntnis davon immer
weiter sich entfalten. Sehr falsch und gefährlich wäre zwar die Meinung,
daß die Gewißheit des eigenen Heilsstandes dann fürs Selbstbewußtsein
des gläubigen Christen gleichmäßig feststehe und er etwa aus dieser subjek-

tiven Gewißheit die Glaubenswahrheiten zu deduzieren hätte (so dürfen ja doch auch Franks Deduktionen*) nicht verstanden werden). Wir wissen viel= mehr, wie oft gerade Glaubenshelden und Männer im Christentum vielmehr noch mit Anfechtungen zu ringen haben. Die objektive Offenbarung ist's, woran sie um so inniger sich halten. Auch Paulus hält solchen Anfechtun= gen Röm. 8, 31 ff. nicht das entgegen, was der Christ in sich selbst haben und fühlen müsse, sondern den Christus für uns und Gottes Liebe in Christo. Aber mitwirken soll eben auch das, was wir so unter den An= fechtungen erfahren dürfen, fürs Festwerden im Glauben und zugleich fürs objektive Verständnis und Erkenntnis Gottes und seiner Beziehung zu uns.

Auf solchem inneren Grunde ruht also für uns unsere christlich=religiöse Überzeugung als ein festes, vertrauensvolles Überzeugtsein von höchsten objektiven Wahrheiten, von der Beziehung Gottes zu uns, von dem wirk= lichen Gott und Gottessohne selbst. Indem aber dann dieser Inhalt auch in seinem eigenen inneren Zusammenhang für unser Verständnis und Erkenntnis sich entfaltet und zugleich im Zusammenhang mit dem gesamten Inhalt und den allgemeinen Formen unseres Bewußtseins und Denkens von uns vor= gestellt und gedacht wird, muß dies wesentlich wieder zur Befestigung jener Überzeugung selbst dienen.

Es fragt sich freilich besonders heutzutage sehr, wieweit eine solche Feststellung des objektiven Glaubensinhaltes notwendig, oder wenigstens ersprießlich, oder auch nur möglich ist. Wir kommen ja hiermit auf „metaphysische" Aussagen, von denen so mancher nichts mehr wissen will und vor denen manchem gar graut (vgl. oben S. 3 f.). Wir stoßen auch auf das Bedenken, es möchte so ein assensus hervorgebracht werden, der gerade nicht Sache des Herzens, sondern Produkt einer bloßen Verstandes= thätigkeit sei und so dem wahren Glauben vielmehr hinderlich werde.

Wir müssen demgegenüber gemäß unserer ganzen bisherigen Aus= führung jedenfalls festhalten: die Objekte unseres Glaubens haben, während wir vermöge einer innerlichen Erfahrung von ihrer Beziehung zu uns an sie glauben, wahrhafte Realität. Wenn wir auf jenen von Ritschl für unser Gebiet angewandten und alsbald von vielen Theologen aufgegriffenen, von mir übrigens bisher vermiedenen Ausdruck „Werturteile" (oben S. 3) zurückkommen wollen, müssen wir sagen: Unsere Glaubensaussagen oder Urteile sind Seinsurteile (vgl. auch Lipsius oben S. 97, Philosophie und Religion, S. 302); sie sind nicht Werturteile, als ob ihr Gegenstand ent= weder als ein realer schon anderwärts für uns feststände und nun auch als wertvoll für uns anerkannt werden sollte, oder aber bezüglich seiner Rea=

---

*) Vgl. Herrmann im „Beweis des Glaubens" a. a. O. S. 94.

lität dahingestellt bleiben und nur etwa Gegenstand des Wunsches, Strebens oder Postulates für uns sein sollte. Unangemessen wäre auch der vermittelnde Ausdruck (vgl. Lipsius a. a. O.), daß es Seinsurteile auf Grund von Werturteilen seien. Denn da möchte es fälschlich scheinen, als ob zunächst der Wert der Objekte für uns sich unserem Bewußtsein aufdrängte und wir erst durch eine Denkfolgerung hieraus oder gar nur durch den Wunsch, etwas für unser eigenes Wohlsein Wertvolles zu haben, auf einen Glauben an ihre Realität geführt würden. Man möchte etwa sagen, wir werden ihre Realität in jener innern Erfahrung unseres sittlich-religiösen Lebensmittelpunktes inne, indem wir in derselben ihren Wert zu empfinden bekommen. Aber dann müßte noch näher bestimmt und untersucht werden, wie sich diese Empfindung des Wertes zu andern Momenten jenes innern Vorganges, namentlich zum Bewußtsein des Sollens, verhalte. Und weiter würde ein Hereinziehen des Begriffs der Werturteile viel schärfere Entscheidungen und Bestimmungen über den Begriff des Wertes auf den verschiedenen Gebieten des sinnlichen, sittlichen, religiösen Lebens, über die verschiedenen Auffassungen des Begriffs und insbesondere auch über die Frage unbedingter Werte im Unterschied von bloß relativ Wertvollem erfordern, als wir bei irgend einem jener Theologen bis jetzt finden können (vgl. auch oben S. 38. 59 f.)*). In der gegenwärtigen Ausführung brauchen wir indessen über die ganze Frage nach den Werturteilen uns nicht weiter zu verbreiten. Es genügt, Seinsurteile in dem angegebenen Sinn für unser Gebiet festgestellt zu haben.

Ein Streben aber, den Glaubensinhalt mit seinen verschiedenen Momenten als ein in sich geschlossenes Ganzes zu entfalten und zusammenzustellen, liegt im allgemeinen Bedürfnis des selbstbewußten und intelligenten Geistes, das auch beim einfachsten frommen Christen in gewissem Umfang sich geltend macht. Es trifft namentlich gerade bei ihm mit einem praktischen Bedürfnis zusammen, das der religiöse Verkehr mit Gott und dem Heiland und eine fromme Vertiefung ins göttliche Heilswerk mit sich bringt. Ein Mangel an bestimmter und in sich harmonischer Vorstellung des Göttlichen, zu dem er sich erheben, und des göttlichen Wollens und Thun, auf das er vertrauen und bauen möchte, ist gerade auch für sein religiöses Leben ein Hemmnis. Er wird freilich dabei mehr in lebensvollen Vorstellungen, als in strengen Gedanken sich bewegen, wird auch vielleicht in

---

*) Auch die Abhandlung von Sperl in der Neuen kirchl. Zeitschrift I, Heft 8, genügt dafür keineswegs. Treffenderes bietet die philosophische Doktordissertation von Max Scheibe (Halle 1893) über „Die Bedeutung der Werturteile für das religiöse Erkennen"; doch verfährt auch sie noch nicht selbständig und kritisch genug dem Gebrauch gegenüber, den man neuerdings von jenem Begriffe zu machen liebt.

Phantasiegebilde hineingeraten, wird aber nur um so mehr auch positiver und negativer Weisungen von seiten theologischer Wissenschaft bedürfen.

Haben doch auch Ritschl und andere, welche gegen das „Metaphysische" eiferten, über Gott als reales persönliches Subjekt ohne weitere Seinsurteile vorgetragen und sich nicht etwa damit begnügt, von einem auf unser wahres Wohlsein und auf die Verwirklichung des Guten angelegten Weltlauf und von dem Wert, welchen dies für uns habe, und von dem deshalb darauf zu setzenden Vertrauen u. s. w. zu reden (vgl. oben S. 2).

Für Christus ist von neueren und zwar namentlich von Gegnern der metaphysischen Betrachtungsweise das Prädikat Gott nicht bloß, wie F. Nitzsch (a. a. D. S. 478) sagt, „keineswegs vorwiegend vermieden", sondern sogar mit Vorliebe gebraucht worden (vgl. darüber auch Lipsius a. a. D. S. 308 f.). Aber wie unbestimmt ist dasselbe in diesem Gebrauche, wie schwer faßbar und wie verschieden faßbar! Bezeichnet es ein göttliches Wesen, über dessen Verhältnis zum Menschensohn Jesu wir übrigens noch kein Licht darin bekämen? oder bedeutet es nur ein Offenbarwerden Gottes und bestimmter des göttlichen Willens durch Jesus für seine Gemeinde, bei welchem der Mensch Jesus — vielleicht selbst noch mit Sünde behaftet — sie durch Wort und That über die höchsten sittlichen Zwecke und Normen belehrte und diesen in möglichst treuer eigener Selbstbestimmung nachzukommen strebte und auf welches hin sie zu gleichem Streben als ein Gottesvolk sich vereinigen soll,*) zugleich durch ihn darüber beruhigt, daß Gott die Sünden vergebe? Solcher Fragen wird gerade ein einfacher, um die Wahrheit, seinen Glaubensgrund und seine Gottesgemeinschaft besorgter Christ sich nimmermehr enthalten können; er müßte zu einer solchen Enthaltung erst eigens durch intellektualistisch kritische Denker geschult werden. Übrigens sollten sowohl die Orthodoxen, welche in jenem Prädikat den eigentlichen Ausdruck für Jesu Wesen sehen, als diejenigen, welche dabei die Frage nach dem Wesen fernhalten wollen, sich erinnern, daß dasselbe im N. Testament diesem Jesus Christus nur in wenigen Hauptaussprüchen beigelegt ist, und zwar hier nicht mit Bezug auf Gottes Offenbarung in Jesu irdischem Wort und Leben, sondern mit Bezug auf denjenigen göttlichen Charakter oder diejenige göttliche Stellung, wozu er als der auferstandene und erhöhte Herr gelangt ist (Rom. 9, 5**) vergleiche Phil. 2, 9 ff., Hebr. 1, 8, Joh. 20, 18, vielleicht auch Tit. 2, 13); so-

---

*) Vgl. Ritschls Auffassung des von Christus gestifteten Gottesreichs, dagegen meine Ausführung in den Stud. u. Krit. 1892.

**) Wo zu übersetzen sein wird: Christus, der da ist über allem, Gott hochgelobet u. s. w.

dann den präexistenten Logos, wie er schon vor der Weltschöpfung bei Gott war (Joh. 1, 1). Für Jesus, wie er unter uns und für uns erschien, — für den fleischgewordenen Logos (Joh. 1, 14), — für ihn, der von sich sagte „Wer mich siehet, der siehet den Vater" (Joh. 14, 9), — ist die charakteristische Bezeichnung vielmehr die des Sohnes. Und diese führt von selbst in ein bestimmtes persönliches Verhältnis zwischen ihm und dem Vater ein, sowie zugleich in sein persönliches Verhältnis zu denjenigen, die durch ihn nun erst auch zur Gotteskindschaft gelangen sollen, — und zwar in ein Verhältnis Jesu zum Vater, bei welchem der Vater selbst schon ursprünglich das Bestimmende in ihm ist, während er vermöge dessen des Vaters Werke thut, und seinen Willen erfüllt, — endlich von hier aus rückwärts in ein ursprüngliches Ausgehen von Gott und Sein bei Gott. Ein entwickelter Glaube wird sich immer getrieben fühlen, den Momenten, in welche hiermit die biblische Offenbarung uns einführt, auch seinerseits nachzugehen, um ein möglichst volles Ganzes der Wahrheit zu gewinnen. Grad und Umfang dieses Bedürfnisses wird freilich bei verschiedenen Individualitäten verschieden bleiben. Und gerade der am tiefsten Eindringende wird auch meisten erkennen und bekennen müssen, wie wenig hier alle unsere, aus dem Gebiete des endlichen, weltlichen Bewußtseins stammenden Vorstellungen, Bilder und Begriffe ausreichen;*) er wird des Ganzen, das er so nur inadäquat nach 1. Kor. 13, 12 im Spiegel schaut, sich dennoch freuen und dadurch seinen Glauben kräftigen dürfen. — Eine andere Frage, in die wir hier nicht eintreten können, ist die, wie weit solche Ergebnisse durch eine kirchliche Gemeinschaft als ihr Dogma zu sanktionieren seien. Auch zur Kritik der (gewiß sehr anfechtbaren) bisherigen kirchlichen Lehrbildung ist hier nicht Ort und Raum.

Ähnlich verhält es sich mit der objektiven Bedeutung des Verhaltens und speziell des Leidens und Sterbens Jesu für die Stellung des Sünders zu Gott oder für unsere Versöhnung. Bei ihm war bereits Vergebung wirklich zu finden; zu unserer Versöhnung erklärte er den Tod zu erleiden, sein Blut zu vergießen; in seiner Jüngerschaft ist auf seinen Tod und seine Erhöhung hin der Geist der Versöhnung und Kindschaft wirklich lebendig geworden und seine Apostel rufen auch uns zu: Lasset euch versöhnen mit Gott. Indem er so sich uns darstellt, können und sollen wir in ihm das Vertrauen zu Gott gewinnen, durch welches gleicher Gnade auch wir teilhaftig werden. Indem aber Jesu Offenbarung den Christen innerlich erfaßt, muß er auch des Gewichtes der eigenen Schuld und des Bannes, dem er hiermit vor Gott verfällt, sich bewußt werden, ja er muß

---

*) Vgl. Lipsius, „Philosophie und Religion" S. 302 ff.

8*

dasselbe nur immer tiefer noch erkennen, je mehr er durch den Geist von oben seinen Gott kennen und recht mit der Sünde kämpfen lernt. Unabweisbar ist für einen zugleich tief gewissenhaften und ernst nachdenkenden Christen die Frage, in welcher Weise wir das thatsächliche und uns auch schon innerlich zu gut gekommene Eintreten Jesu für uns bestimmter zu denken haben. Dafür haben wir Weisungen im Worte der Apostel und schon Jesu selbst: Hinweisungen namentlich auf die Bedeutung, welche das Opfer schon für die um Vergebung flehenden alttestamentlichen Frommen haben sollte, und auf das merkwürdige Bild des für die andern leidenden Knechtes Jahves (Jes. 53). Wir gehen der Frage weiter nach, nicht als ob durch die Ergebnisse unseres darauf gerichteten Denkens unser Glaube erst erzeugt werden sollte*), wohl aber damit er auch nach dieser Seite hin möglichst zu einer vollen Glaubenserkenntnis werde. Neuen innern Anfechtungen gegenüber wird ein Christ nicht zu einer solchen Ausgestaltung seiner Vorstellungen und Ideen flüchten, sondern zum ursprünglichen Zeugnis vom Heiland Christus, zu ihm selbst, dem Erhöhten, und zu der in ihm erschlossenen Liebe des Vaters. Wohl aber wird auch jene Ausgestaltung, wenn sie aus dem rechten innern Trieb und Geiste stammt, mitdienen zur Herstellung eines allgemeinen, männlich reifen und festen christlichen Lebensstandes, der dann um so mehr auch Anfechtungen gewachsen ist.

Die schon oben angedeutete Gefahr, welche da, wo es an jenem Geiste fehlt, gerade unter einer Ausgestaltung der Glaubenslehre dem lebendigen Glauben droht, schätzen wir nicht geringe. Aber Leben wird auch nicht geweckt und genährt durch allgemeines, vages, monotones, dabei vieldeutiges Reden von dem Göttlichen, Überweltlichen, Ewigen, Himmlischen in Christo. Und dem wird auch nicht viel geholfen durch rhetorischen Aufschwung oder empfindsame, sentimental-poetische Klänge und nebenbei durch neugewählte Ausdrücke, die doch bildlich konkret sein möchten, aber dabei recht im Unterschied von den biblischen und auch kirchlichen mißraten. Exempel hierfür kann man da und dort in derselben Zeitschrift „Christliche Welt" finden, die zugleich in so anerkennenswerter Weise auf lebendigen, innerlich begründeten Glauben bringt; und sogar ein Rade, der sonst aus warmem Herzen auch volkstümlich zu reden versteht, ist einmal**), indem er „sich ganz undogmatisch ausdrücken" wollte, auf die gewiß nicht bloß undogmatische, sondern auch unreligiöse, unlebendige, unvolkstümliche und überdies von unserem kirchlichen Bekenntnis (Augsb. Conf. Art. 1) ausdrück-

---

*) Vgl. Gottschick Polemik a. a. O. S. 49. Wer hat übrigens die dort mit Recht von ihm bekämpfte Auffassung so, wie er sie darstellt, wirklich vertreten?
**) „Der rechte evang. Glaube", Hefte 3. christl. Welt I, S. 25.

lich verworfene Bezeichnung Jesu als „eines Stückes von Gott" verfallen, sofort beifügend, daß in demselben der ewige Gott selbst uns besucht habe.

Im bisherigen handelten wir von Gottes Offenbarung in Christo, wie sie durch die neutestamentlichen Schriften uns bezeugt und vergegenwärtigt wird. Wir haben noch bestimmter auf diese Zeugnisse selbst und ihren besonderen Charakter den Blick zu richten. Die allgemeine Bedeutung, die ihnen als geschichtlichen Urkunden zukommt, ist mit dem gegeben, was oben (S. 102 ff.) über jene Offenbarung als geschichtlich bezeugte Thatsache und zugleich auch darüber gesagt worden ist, daß mit dieser äußeren geschichtlichen Bezeugung unser religiöser Glaube noch nicht zu begründen wäre. Zur Frage, ob nicht, wie die christliche Kirche lehrt, in den Zeugen und ihren Zeugnissen auch ein besonderer höherer Geist gewaltet habe und diesen demgemäß eine besondere Bedeutung und Autorität für unsern Glauben beizulegen sei, ist oben (S. 52) zunächst bemerkt worden, daß dies keinesfalls durch eine äußere geschichtliche Kritik, noch auch durch ausdrückliche Erklärungen jener Schriftsteller zu entscheiden wäre, sondern daß wir jedenfalls auch hier auf innere Geisteszeugnisse zu achten hätten. Haben wir nun nicht doch einen also für uns sich bezeugenden höheren Charakter der Schriften auch noch für unsern Glauben an ihren Inhalt geltend zu machen?

Einen ganz eigentümlichen Charakter derselben wird schon eine einfach verständige geschichtliche Betrachtung aus derjenigen Geltung erkennen, welche die Schriften vor allen andern der ältesten Christenheit thatsächlich, und zwar ohne alle besondere Machinationen oder kirchliche Beschlüsse und Maßregeln sich errungen haben: so die einfachen evangelischen Berichte der Synoptiker einer Zeit gegenüber, die sonst schon reicher apokryphischer Ausmalungen sich erfreute, so die tiefen, lebensvollen paulinischen und johanneischen Gedankenausführungen einer Christenheit gegenüber, der es schon sehr an Verständnis für sie und an der Fähigkeit, sie richtig weiter zu verfolgen, gefehlt hat. Die eigentümliche Geistesfülle und Kraft der Schriften muß jedem Unbefangenen und Urteilsfähigen vor allem ein Vergleich mit den sogenannten apostolischen Vätern zeigen, wie denn auch Geß mit einem solchen sein Buch über die Inspiration eröffnet*). Die neue und erst recht wirksame Geltung, welche sie nach und seit der Reformation erlangt haben, verdanken sie nicht bloß ihrem Inhalt, sondern gewiß auch der besonderen Weise und Kraft, in der sie ihn dargestellt haben. Und daß dieser besondere Charakter wirklich ein höherer sei und ein besonderes Wirken des von Christus ausgegangenen Geistes erweise, dessen wird jeder, der in

---

*) Vgl. dazu auch Haering, Stud. u. Krit. 1893, S. 187.

ihrem Inhalt die Offenbarung Gottes gläubig erkennt und aufnimmt, eben vermöge der innern Eindrücke mit inne werden. Wird dies doch jeder angelegentlich mit der Heilswahrheit beschäftigte Christ namentlich auch beim Vergleich mit anderer Litteratur, in welcher diese ihm vielleicht verständlicher und sozusagen flüssiger gemacht wird, fort und fort zu erfahren bekommen. Namentlich die innere und auf inneren Zeugnissen ruhende Selbständigkeit unseres Christentums wird durch direktes Trinken aus jener Quelle bedingt sein und immer wieder dazu treiben. Wer hiergegen einwenden möchte, daß thatsächlich ja doch für die meisten Christen und ganze christliche Gemeinden das in Gesangbüchern und anderer Litteratur dargereichte Gotteswort weitaus die Hauptsache sei, der sehe doch einmal zu, bei welchen Christen und Gemeinden wirklich das kräftigste und selbständigste Christentum sich findet. Hiernach ist dann unser Glaube an Christus nicht erst durch den Glauben an den höheren Charakter der Schrift, sondern vielmehr dieser auf jenen gegründet (vgl. auch Kaehler a. a. O. S. 27 f.); das Zeugnis von Christus aber, das wir aus der Schrift empfangen, gewinnt dadurch für uns an Kraft, und wir werden um so freudiger und vertrauensvoller auch den Weisungen folgen, welche wir durch jene Apostel für die gesamte Ausgestaltung der gläubigen Erkenntnis empfangen.

Wir haben aber — namentlich in der Gegenwart — die bestimmte Frage vor uns, wie weit vermöge eines solchen Charakters jener Schriften ihre Autorität reiche; bestimmter noch, ob der Christ — wenigstens mit Bezug aufs wirklich Religiöse — an ihre Aussagen, so wie sie hier uns vorliegen, ganz und schlechthin mit seiner gläubigen Auffassung und Erkenntnis der dort geoffenbarten Wahrheit gebunden sei. Mit Bezug auf diese Frage hat sich neuerdings mit großer innerer Wärme und Energie R. Kübel (Neue kirchl. Zeitschrift IV, S. 36 ff.) geäußert — gegen ein unbefugtes Geltendmachen der innern Erfahrung, die doch gerade auch er in seiner Weise, bei voller Unterwerfung unter jene Autorität, geltend gemacht haben will (vgl. auch Becks Erklärung gegen ein „Glauben auf bloße Autorität" oben S. 89, in seinen „Vorlesungen" Bd. 1, S. 421). Wir werden auf die Frage, soweit es hier nötig ist, antworten können, auch ohne erst jenen Charakter der Schriften im einzelnen und mit Bezug auf die zwischen ihnen obwaltenden Unterschiede sowie mit Bezug auf den Unterschied zwischen dem wesentlich religiösen und etwaigen anderen Inhalt ihrer Aussagen untersuchen und auseinandersetzen zu müssen.

Hüten wir uns aber vor allem, mit den beliebten Schlagwörtern „Autoritätsglauben" und „sacrificium intellectus" die Sache entscheiden zu wollen! Ist's doch etwas ganz anderes, in Dingen, in welchen man sich eine selbständige Überzeugung zu bilden befähigt und berufen ist, die eigene, wohlbegründete Überzeugung einem fremden Machtspruch opfern — etwas anderes, da wo man sich durch göttliche Fügung, geistige Ausrüstung und Lebensgang das erforderliche Licht bei gewissenhafter Selbstbeurteilung versagt sieht, sich der Weisung und Belehrung eines anderen anvertrauen, von welchem man in ebenso gewissenhafter Beurteilung erkennt, daß man ihm pietätsvolles Vertrauen schenken dürfe und solle, ja daß einen Gott selbst an ihn gewiesen habe: eine Bemerkung, die überflüssig sein sollte, aber jenen Schlagwörtern gegenüber leider nicht überflüssig ist! Auch wollen wir jene unbedingte Autorität ebensowenig schon a priori abweisen, als andere mit der apriorischen Deduktion recht haben, daß wir für den Bestand der Heilswahrheit und des Heiles eine solche Autorität nötig haben und sie deshalb auch da sein müsse.

Aber man sehe doch zu, wieviel in dieser Beziehung wirklich aus dem Neuen Testament selbst sich ergiebt. Kübel fragt (S. 67) sehr zuversichtlich, wo etwa Paulus die Geltung seines Evangeliums vom innern Erleben seiner Leser, wie der Galater, Gal. 3, 1 ff., abhängig mache. Wir können jedoch die Frage entgegenstellen, wo denn Paulus bei aller seiner eigenen Selbstgewißheit von seinen Zuhörern oder Lesern fordere, daß sie den Inhalt jeder seiner Aussagen ohne eigenes Überzeugtsein bloß auf seine Autorität hin zum Gegenstand ihres Glaubens und Bekenntnisses machen; und überdies hat er ja die Leser gerade in Gal. 3, 2 auf ihre eigene Erfahrung verwiesen! Eine gewisse Selbständigkeit des eigenen Urteils auch der Autorität der Schrift gegenüber ist ja auch schon dadurch gefordert, daß, wie z. B. Geß sehr entschieden ausspricht und auch Kübel*) nicht bestreitet, der göttliche Geist bei jenen Schriftstellern in sehr verschiedenem Maße sich bethätigt und bei jedem wiederum nicht über den ganzen Inhalt der Wahrheit gleichmäßig Licht verbreitet, vielmehr nach Geß a. a. O. S. 108 manche Partieen „im Schatten gelassen" hat und daß diese Unterschiede nicht etwa von den Schriftstellern selbst bezeichnet, sondern unserer eigenen Prüfung anheimgegeben sind. Insbesondere aber nehme man gerade solche schwierige, auf die objektive Begründung unseres Heils bezügliche Fragen vor, auf welche man wohl speziell eine schlechthin endgiltige Antwort im objektiven Schriftwort haben möchte, wie die Frage nach jenem Ursprung Christi, des präexistenten, aus Gott oder nach jenem objektiven Werte des Todes Christi für Gott und für unser Heil. Da erhalten wir zwar an verschiedenen Stellen gewiß hochbedeutsame Aussprüche über ein Sein des Logos bei Gott und Kommen des Sohnes vom Vater her in die Menschheit, aber doch ohne jede für den Abschluß der theologischen

---

*) Vgl. auch Kübel in den „Neuen Jahrb. f. deutsche Theol." Bd. 2, H. 1 u. 2.

Reflexion genügende Erklärung darüber, wie dort Logos und Gott, diese beiden „Personen" der kirchlichen Trinitätslehre, sich persönlich zu einander verhalten haben, und weiter darüber, ob und wieweit dann bei jenem Kommen im Sohne (von dessen „Entäußerung" nur ein einziges kurzes Wort Phil. 2, 7 uns gesagt ist) eine innere Wandlung vor sich gegangen sei, worüber jetzt bekanntlich die Ansichten streng biblisch und kirchlich gesinnter Theologen weit auseinandergehen. Wir erhalten ferner zwar jene Hinweise auf das sühnende Opferblut und auf den Knecht bei Jesaia, dazu bei Paulus eigentümliche gewichtige Aussagen über ein Sterben Christi, darin er gar Sünde und Fluch für uns geworden sei und darin wir nun auch selbst mit ihm gestorben seien (2. Kor. 5, 21. 14 f.; Gal. 3, 13; Röm. 6, 2 ff.; auch Röm. 8, 3), Aussagen, die man gewiß nicht so bespektierlich, wie Kübel sagt, und überdies so oberflächlich behandeln darf, daß man sie einfach von Paulus vormaligem Pharisäertum diktiert sein läßt (Kübel S. 63). Aber jeder, der hieraus dogmatische Sätze gewinnen und dabei nicht einfach an die kirchlichen Deutungen sich binden will, muß finden, wie sehr es bei jenen Hinweisungen an den für unsere Lehrbildung erforderlichen Auseinandersetzungen über den eigentlichen Wert jenes Blutes und den eigentlichen Wert und Inhalt jenes Leidens noch fehlt und wie Paulus dort, auf Christi geschichtliches Leiden im Fleisch und seinen Erfolg hinblickend, in großartiger geistiger Anschauung Momente zusammengefaßt und auf diesen und jenen anschaulich umfassenden Ausdruck gebracht hat, für welche wir nicht bloß weitere gedankenmäßige Zerlegung, sondern auch noch eine weitere Vermittlung und auch eine Unterscheidung zwischen symbolisch und eigentlich zu Verstehendem versuchen müssen. Wenn es aber so mit den Ausführungen der Schrift und mit den Befugnissen und Aufgaben des eigenen gläubigen Denkens sich verhält, haben wir dann nicht auch Recht und Pflicht zu der Frage, wieweit an dem uns vorgelegten Spiegelbild, an dem ja auch ein Apostel nach 1. Kor. 13 sich noch genügen lassen mußte, sich inadäquate Züge finden, die durch die geschichtliche Entwicklung des Vorstellens und Denkens bedingt waren und an welchen wir, während wir auf adäquate Feststellung verzichten, doch auch mit unsern Mitteln und Formen weiter zu arbeiten haben? Grenzlinien lassen sich hier nicht im voraus fürs einzelne ziehen.

Den tiefen Schmerz über eine Impietät, welche das Schriftwort geflissentlich profan behandelt und gar des höheren eigenen inneren Lebens dabei sich rühmt, wird doch mit Kübel jeder empfinden müssen, der, von diesem Wort innerlich ergriffen, sich wirklich in seinen Inhalt hineingelebt hat. Er wird auch finden, wie nicht bloß die Wahrheit an sich unergründlich, sondern auch die Gesichtspunkte, Weisungen und Ausdrücke, welche das

Schriftwort für sie nach allen den verschiedenen Seiten hin uns darbietet, so reich, voll und treffend sind, daß wir ihnen in unserem irdischen Erkennen noch nie genugsam nachkommen. Von der Vertiefung in sie und dem richtigen Anschluß an sie wird auch die wirkliche Selbständigkeit des Theologen nicht minder als die des einfach gläubigen und erkennenden Christen wesentlich bedingt sein, — seine Selbständigkeit sowohl kirchlichen Satzungen, als jeweiligen wissenschaftlichen Strömungen gegenüber. Das mag auch gesagt sein mit Bezug auf die von Kaftan a. a. O., S. 18, besprochene und mit Recht bedauerte Thatsache, daß so manche junge Geistliche Ansichten, die sie von der theologischen Schule mitgebracht haben, nachher einfach mit den unter der Menge der Amtsbrüder geltenden, traditionell-kirchlichen vertauschen.

Es bedarf nicht erst einer Rechtfertigung oder Erklärung, wenn wir erst von der Bedeutung, welche die neutestamentliche Offenbarung mit ihren Schriftzeugnissen für unsern Glauben hat, auf diejenige zurückgehen, welche auch der alttestamentlichen zukommt. Die Entwicklung der Religion in Israel muß, soviel auch in ihrer Geschichte und in der Geschichte der ihr zugehörigen Schriften für eine unbefangene Forschung zweifelhaft ist und bleiben mag, doch schon für eine einfach geschichtliche Betrachtung jedenfalls über die religiöse Entwicklung der ganzen übrigen Menschheit schon dadurch sich hervorheben und zur Frage nach ganz besondern in ihr wirksamen Faktoren hintreiben, daß sie, während die andern Religionen alle früher oder später kläglich dahinwelten, zur Geburt derjenigen Religion geführt hat, welche seither ihre unversiegliche Lebenskraft und ihren Anspruch, Religion der Menschheit zu werden, immer neu bewährt und behauptet. Und was in jenen Schriften, zumal denen der Propheten und frommen Sänger als göttliches Zeugnis sich darstellt, wird schon an und für sich jedem sittlich und religiös ernsten und empfänglichen Sinn wenigstens als Ausdruck eines ganz eigentümlich kräftigen und lauteren religiösen Geistes sich bewähren. Aber immer könnte sich noch fragen, ob nicht dennoch auch jene Entwicklung samt dem aus ihr erwachsenen Christentum nur aus der gleichen natürlichen Quelle wie alle die anderen Religionen hervorgegangen und so auch einem ähnlichen Ende wie sie für die Zukunft verfallen sei. Ist aber das Licht der Offenbarung Gottes in Christo unserem Glauben aufgegangen, dann erkennen wir auch in jener Geschichte die einzigartige Wirkung und Leitung eben dieses Gottes, in jenen Zeugnissen bei aller geschichtlich bedingten Schwäche und Unvollkommenheit doch schon einzigartige Kundgebungen seines Geistes. Und wiederum muß dann der Blick auf das Ganze der Offenbarung auch unser Verständnis der christlichen Glaubenswahrheit fördern, unsere Glaubensgewißheit befestigen.

Gottes Offenbarung in Chriſto mit ihrer Selbſtbezeugung in unſerem eigenen Innern — das iſt, wie der Gegenſtand, ſo auch der feſte Grund unſerer religiöſen Überzeugung. Die Bedeutung der Kirche oder chriſtlichen Gemeinde, die bei Ritſchl (vgl. oben S. 97 f.) eine ſo große, aber unklare Rolle ſpielt, dürfen wir bei aller Anerkennung für ſie doch keineswegs auf eine Linie damit ſtellen. Vorweg weiſen wir, wie ja ſelbſtverſtändlich auch Ritſchl, die Autorität ab, welche der Katholizismus ohne jenes Zeugnis der Offenbarung, ja vielmehr im Widerſpruch gegen dasſelbe ſeiner Kirche beilegt. Es wäre auch falſch, oder mindeſtens ſehr mißverſtändlich zu ſagen (wie Gottſchick a. a. O., S. 128 f. gegen Frank), daß wir uns der Identität deſſen, worin wir unſer höchſtes Gut finden, mit demjenigen, worin es nach dem Zeugnis der geſchichtlich gegebenen chriſtlichen Gemeinde beſtehe, durch Vergleichung des beiderſeitigen Inhalts verſichern müſſen, weil wir nur dann gewiß ſein könnten, daß unſere ſubjektive Erfahrung auch eine chriſtliche ſei. Denn der Chriſt erhält vielmehr mit ſeiner innern Gewißheit von jener chriſtlichen Offenbarungswahrheit auch das Recht und die Pflicht zu prüfen, ob und wieweit die beſtehende Gemeinde derſelben wirklich in ihren eigenen Auffaſſungen treu geblieben, ja ob ſie ſelbſt wirklich noch eine Gemeinde Chriſti geblieben ſei; ruht doch darauf auch das ganze Recht unſerer Reformation und ihrer Lehr- und Kirchenbildung. Ihre hohe Bedeutung hat die Gemeinde darin, daß in ihr und von ihr aus das Wort Gottes oder Wort jener Offenbarung an uns und unſer Inneres gebracht wird. Aber ſie iſt hierbei nur Dienerin desſelben; ſeine innerlich zeugende und Leben erzeugende Kraft iſt nicht an ihr Wollen und Wirken, ſein Sinn nicht an ihre Auslegung gebunden. Und erſt wenn wir in ſeinem Licht und durch ſeine Kraft recht an Chriſtus glauben, können wir auch recht glauben, daß ſie trotz aller Schwäche, Trübung und Zerriſſenheit ihres zeitlichen Daſeins dennoch Gemeinde Chriſti und Gottes iſt. Das iſt auch die klare Lehre Luthers und der Reformation.*) Beſonderen Nachdruck hat Herrmann („Der Verkehr" u. ſ. w., 2. Aufl., S. 153 f.) mit Recht auf den bedeutungsvollen Einfluß gelegt, welchen die Lebensbethätigung des Chriſtentums durch echte Glieder Chriſti und ſeiner Gemeinde auf das Werden und Wachſen des Glaubens bei andern übt. Er redet davon, daß die Kirche ihren Gliedern das Wort von Chriſtus, wie durch direkte Verkündigung, ſo auch durch chriſtliches Leben zugänglich mache. Wir gedenken dabei der großen Verheißung, daß aus einem an Jeſum Glaubenden gar „Ströme lebendigen Waſſers" auch für andere fließen ſollen (Joh. 7, 38). Aber dieſe ſollen dadurch hin-

---

*) Vgl. auch Theol. Stud. u. Krit. 1888, S. 66, Anm. 2.

gerufen und hingezogen werden zum Urquell, um aus ihm selbständig zu trinken, und sie können glücklicherweise hierzu gelangen, auch wo es mit jener Vermittlung traurig bestellt ist, ja wo das Wort der Offenbarung, das in ihnen zeugt, in christlicher Umgebung viel mehr auf Widerspruch und Ärgernisse stößt.

Schließlich wenden wir uns noch einmal nach dem gesamten anderen, weltlichen, sinnlichen Inhalt unseres Bewußtseins und Wissens hin (vgl. oben S. 3 ff., S. 112). Es fragte sich (oben S. 27 ff.), ob wir nicht schon durch Denkfolgerungen von diesem aus mit Notwendigkeit auf einen über allem waltenden Gott und von einer also festgestellten Idee Gottes und der Religion aus vielleicht auch schon aufs Bedürfnis einer besonderen Gottes= offenbarung und auf die Geltung der uns zu teil gewordenen Offenbarung geführt werden. Wir müssen diese Frage auch schließlich verneinen. Wohl aber steht nun auch ohne solche Beweisführung unsere christliche Glaubens= überzeugung fest und schließt zugleich die Gewißheit in sich, daß ihrem Inhalt, wie er auf die bezeichnete Weise sich für uns feststellt, auch von jener Seite her keine Erschütterung oder Beeinträchtigung widerfahren kann. Aufgabe christlicher Denker wird es da, jenes Weltwissen nicht etwa in ängstlicher oder auch hochmütiger Haltung beiseite zu lassen, sondern aus dessen eigenem Inhalt und Wesen heraus seine wirklichen Ansprüche und zugleich seine Schranken nachzuweisen. Es soll dies nicht ein Beweis des Glaubens werden, wohl aber ihn gegen falsche Einwendungen wahren helfen. Und es ist Aufgabe für unseren Geist so gewiß, als dieser von dem vollkommen guten Gotte nicht zu einem inneren Zwiespalt und zu so= genannter doppelter Buchführung, sondern zu einer innern Harmonie der Intelligenz wie des Wollens bestimmt ist. Gewissenhaft müssen übrigens andererseits von jenem Glaubensinhalt solche Elemente, die ihrer Natur nach nicht zu ihm gehören, unterschieden und diejenigen Zeugnisse, welche mit Be= zug hierauf eine gewissenhafte Natur= und Weltbetrachtung ergiebt, in ihrem Recht anerkannt werden. Ja in unserem Glaubensinhalt werden wir auch den von unserem Geist erstrebten höchsten Abschluß für unsere Erkenntnis des Wirklichen, seiner Ursprünge und Ziele überhaupt finden, — eine Ant= wort auch auf diejenigen Fragen, auf welche, wie wir bei den Beweisen fürs Dasein Gottes sahen, schon die Weltbetrachtung selbst hintreibt, ohne sie doch schon lösen zu können. Aber möglich und verständlich ist die Antwort freilich nur für diejenigen, welche auf jenem andern Wege zu ihr gelangt sind; und man muß sich hüten, während man hierbei immer nur unzureichende Begriffe anwenden kann, Konstruktionen aus diesen bloßen Begriffen heraus zu versuchen.

Beweise unseres Glaubensinhaltes für einen, der jene inneren Er=

fahrungen von sich weist oder noch gar nicht kennt, sind so überhaupt nicht möglich. Man hat wohl einen wissenschaftlichen Nachweis dadurch versucht, daß man darlege, wie die dort geoffenbarten und verwirklichten Grundideen dem entsprächen, was auch als Forderung der praktischen Vernunft sich nachweisen lasse (vgl. auch Kaftan, „Die Wahrheit der christlichen Religion", oben S. 23). Aber schon diese Forderungen überhaupt sind, wie wir sahen (oben S. 58 ff.), Sache unmittelbaren Innewerdens im Gewissen, ohne irgendwie anderswoher sich deduzieren zu lassen; und soweit sie so auch schon für einen Nichtchristen sich fühlbar machen mögen, so kann doch darüber, worin ihre wahrhafte Befriedigung bestehe, erst derjenige recht urteilen, der von der Heilsoffenbarung nicht bloß objektive Kunde hat, sondern von ihr auch schon innerlich berührt und ergriffen ist.

Es bleibt dabei: keine Gewißheit von Realem, die nicht schließlich auf äußerer oder innerer Erfahrung, auf einem Innewerden der Sinne oder des innern, höheren Sinnes ruht! Da mag denn die sinnliche Erfahrung weltlicher Dinge deshalb gar sicher scheinen, weil sie jedem gleichmäßig unwillkürlich sich aufzwingt, ohne daß man an ihr und ihren Ergebnissen Kritik zu üben sich veranlaßt fände. Feste Gewißheit aber bringt nur jene innerlich sich bezeugende Gottesoffenbarung, indem sie mit ihren unbedingten Forderungen und göttlichen Darbietungen unser Innerstes trifft, unsern Willen bewegt und die, welche ihr sich öffnen, schlechthin und für immer befriedigt und beseligt.

Verlag von Reuther & Reichard in Berlin SW. 12.

Das menschliche Erkennen.
Grundlinien der Erkenntnistheorie und Metaphysik
von
A. Dorner,
Dr. th. u. phil. a. d. Universität in Königsberg.

IV, 512 S. gr. 8⁰. Preis M. 9.—.

Es gehört Geisteskraft und Mannesmut dazu, in unserer vorherrschend skeptischen Zeit einen Neubau der schon vielfach ganz in Acht erklärten Metaphysik zu unternehmen auf Grund einer Erkenntnislehre, die, ihres Namens würdig, zu wirklichem Erkennen führt. Selbst vom kritischen Standpunkt ausgehend, legt Dorner die sicheren Grundlagen aller Erkenntnis klar in beständiger Auseinandersetzung mit der aus der Einseitigkeit des Empirismus wie des Idealismus fliessenden Leugnung. Die Empfindung, zeigt er zuerst, ist nicht ohne ein empfindliches Subjekt und ein affizierendes Objekt, das Subjekt zugleich thätig in der Verknüpfung der Einzelempfindungen. Ebenso werden Raum und Zeit gerade vom Subjekt aus zugleich als objektive Formen des Aufeinanderwirkens der Dinge erwiesen. Ungesucht berührt sich diese Beweisführung mit der Trendelenburgs, obgleich dieser die Bewegung, Dorner die bewegenden Kräfte zuerst ins Auge fasst, da eine Beziehung beider nicht ausgeschlossen ist, wie sie dann Dorner für Begriff und Urteil annimmt. Es ist hier nicht Raum, die scharfsinnige Deduktion der Kategorien zu verfolgen; es sei hier nur darauf aufmerksam gemacht, wie auch die mit Werturteilen verbundenen Begriffe, die ästhetischen und sittlichen, für objektive Erkenntnis verwertet werden. Die religiösen Begriffe endlich gründet Dorner auf das Bewusstsein der absoluten Abhängigkeit, welches eo ipso ein Bewusstsein von der uns tragenden, auch unsere Freiheit ermöglichenden Allmacht ist, nicht ein blosses Sichwissen, aber auch ein objektives Erkennen göttlicher Wahrheit ermöglicht, was über Schleiermacher hinausführt, so entschieden seine Grundlegung festgehalten wird, welche von der Theologie nicht aufgegeben werden kann, ohne dass sie sich selbst ihren Boden untergräbt. Die tiefen, herrlichen Ausführungen über Kunst, Sittlichkeit und Religion muss man in dem Buche selbst lesen. Auf solche Erkenntnislehre folgt als zweiter ebenbürtiger Teil die Metaphysik, sie gliedert sich übersichtlich nach dem Unterschied und der Wechselwirkung von (materieller) Natur und Geist und schliesst wie die Erkenntnislehre theistisch ab. Der Verfasser erweist sich als würdiger Sohn des grossen Dogmatikers, dessen systematische Arbeiten er in trefflicher Weise nach der Seite der Philosophie fortgeführt und ergänzt. Die Erkenntnistheorie bildet hier den ersten und ausgedehnteren

Teil der Untersuchung. Vor den elementarsten Vorgängen steigt die Erörterung allmählich auf zu den Problemen des Ganzen der Erkenntnis, überall eine genaue Analyse der einzelnen Vorgänge mit der Sorge für die Verbindung der Mannigfaltigkeit vereinigend, sowie stets darauf bedacht, durch eindringende Kritik den Wahrheitsgehalt der verschiedenen Richtungen herauszustellen und so die scheinbaren Gegner als Arbeiter an einem gemeinsamen Werke zu verstehen. Letzthin erscheint eine einheitliche Weltansicht auch auf dem eigenen Boden des Erkennens nur möglich mit Hilfe der Ideale, denn erst durch die bestimmten Ziele und Richtungen, welche sie geben, lässt sich die dem Erkennen innewohnende Tendenz nach einer zusammenfassenden Einheit in konkreter Weise befriedigen. Der Boden, auf welchem die Untersuchungen stehen, ist im allgemeinen der des kantischen Kritizismus, aber in erheblichen Punkten strebt der Verfasser über Kant hinaus. Einmal sehen wir ihn bestrebt, Unterscheidungen und Gegensätze, welche sich dort schroff wider einander behaupten, in eine engere Beziehung zu bringen und einem grösseren Ganzen als Glieder oder Gegenseiten einzufügen; andrerseits kämpft er gegen eine subjektivistische Wendung der Erkenntnisarbeit, wie sie bei Kant oft naheliegt und im Neukantianismus mehrfach in voller Schroffheit eingetreten ist. So verbindet sich mit einem Verfahren, in welchem eine scharfsinnige Analyse des Einzelnen und eine architektonische Gestaltung des Ganzen zusammentreffen, eine sachlich gehaltvolle Grundüberzeugung. Dieselben Vorzüge besitzt die kürzer gefasste Metaphysik, deren Aufgabe der Verfasser darin findet, eine zusammenhängende Erkenntnis der Realität zu geben, die der Welt der Erfahrung zu Grunde liegt. Das Gesamtwerk verdient die eingehende Beachtung aller, welche die Bedeutung solcher prinzipiellen Untersuchungen zu schätzen wissen.

(Prof. R. Eucken in der „Allg. Zeitung" 1888 No. 83.)

„Es ist von theologischer Seite ein ernstlicher Versuch, sich an der philosophischen Gedankenarbeit mit zu beteiligen, und ein Versuch, der mit energischer Konsequenz des Denkens, mit erfreulicher Unbefangenheit und Geistesfreiheit unternommen wird — —. Und jedenfalls ist es ein neues Zeichen dafür, dass man in theologischen Kreisen daran denkt, den Standpunkt vornehm skeptischer Ablehnung oder orthodoxen Schauders vor unserer philosophischen „Weltweisheit" allmählich wieder aufzugeben. In der erkenntnistheoretischen Vorsicht, in der Kühnheit metaphysischen Denkens, in der energischen Schonung absoluter Einheitlichkeit des menschlichen Erkennens und Geisteslebens überhaupt und in der festen Überzeugung von dem hohen und allseitigen Wert unserer Ideale ist Dorner seinen theologischen Gegnern jedenfalls überlegen; und selbst da, wo wir ihn noch vorsichtiger und noch kühner, noch monistischer und noch idealistischer sehen möchten, selbst da erkennen wir gerne an: in magnis et voluisse sat est."

(Prof. Theob. Ziegler in „Gött. Gel. Anz." 1889 No. 6.)